抓心
不猜心

高紅敏 ◎著

小霸王、說謊精、破壞狂，其實每個「壞孩子」都有一顆受傷的心

「每個孩子都是天才，宇宙的巨大潛能埋伏在每個孩子身上，但往往是父母親手扼殺了天才的幼苗。」

——德國教育家卡爾．威特

目錄

目錄

目錄

第七章　告訴孩子，你真棒——將賞識進行到底

第八章　該鬆手時就鬆手——還孩子一片自由的天空

目錄

前言 當心！家有時也會傷人

「強人」必須先「強心」！有健康的心理才會有健康的身體。這個道理同樣適用於孩子。不要以為孩子和心理健康離得很遠，其實孩子的心理問題影響著他們的一生。

過去父母們都認為孩子不生病、體格發育好、聰明伶俐，就是健康，其實這是不全然正確的。一個健康的孩子，不僅僅是沒有身體上的缺陷和疾病，還要有健全的生理心理狀態和適應社會的能力。孩提時期是培養健康心理的黃金時代，各種生活習慣、行為模式、人生態度、思考方式都在這一時期奠定。如果此時忽略了孩子的心理問題，勢必會影響和耽誤孩子的一生。

家庭，對於孩子的智力、體力的成長，道德特質的發展，個性特徵的形成，會產生全方位的影響。而在家庭中父母是孩子的第一任老師，除了上學，孩子大部分時間都是與父母一起度過。父母的教育引導對孩子今後的發展無疑具有最大、最直接的影響。教育方式得當，可以讓孩子變得自信、勇敢、積極向上；教育方式不恰當，則會使孩子的性格產生畸形發展。而經過調查，當今大多數父母的教子方式都「不合格」。一份調查顯示：百分之七十到八十的孩子心理問題和家庭有關，特別是與父母對孩子的教養和交流溝通方式不當有關。也就是說，家是會傷人的。

德國教育名家卡爾．威特說過：「每個孩子都是天才，宇宙的巨大潛能埋伏在每個孩子身上，但往往是父母親手扼殺了天才的幼苗。」正所謂「愛不需要理由，但是愛需要技巧。」父母教育理念上的「一念之差」，真的可以讓孩子的命運「千差萬別」。在責罵環境中成長的孩子，學會的是詛咒；在公平環境中成長的孩子，學會的是正義；在接納與友誼環境中成長的孩子，學會的是愛人……有心理學家研究了精神官能症、人格障礙、強迫症、焦慮症、憂鬱症等幾種心理疾病，發現這些心理疾病的形成與孩童早期父母對孩子的態度及教養方式有很大的關係。

一位兒童心理學家曾經說過：「世界上沒有教育不好的孩子，只有不懂教育孩子的父母。」凡是沒有教育好的孩子，原因多在父母身上。

為了讓天下的父母可以幫助孩子成為一個品格高潔的人，一個博學上進的人，一個有勇氣、充滿活力、正直的人……我們特別編撰了本書。本書從如何學會對孩子說「不」，如何讓孩子對自己的行為負責，如何保護孩子的自尊心，如何做個好的傾聽者，如何責備孩子，如何賞識孩子，如何還給孩子自由，如何降低自己的期望值等多個方面，以生動個案為例，結合相關心理知識，對當今大多數父母存在的教子問題的根源進行了分析；同時，提出了如何正確培養孩子健康心理的全面解決方案，以讓你的孩子「安心」長大。

第一章

家有時也會傷人——孩子有問題，大人應先自省

「世界上沒有教育不好的孩子，只有不懂教育孩子的父母。」凡是沒有教育好的孩子，原因多在父母身上，或者是缺乏教育孩子的責任感，或者是沒有掌握正確的教育方法。因此說，孩子有問題，父母首先有一定的責任。如果身為家長的您真心地希望您的孩子能夠身心健康地成長，那麼，就請您從現在開始，摒棄那些錯誤的教育方法，讓您的孩子健康地成長。

一・孩子有問題了，大人應先自省

一盞心燈

父母是孩子的一面鏡子，是孩子無形的榜樣。如果父母做人做事總是南轅北轍，勢必對孩子的心理發展和品性形成產生不良影響。

教子現場

某一天早上，媽媽送丁丁去上學，在樓下碰到了剛吃完早餐回來的鄰居張爺爺。丁丁不僅沒有跟張爺爺打招呼，甚至連看都沒看一眼。張爺爺招呼他，丁丁也只是勉強應了一聲，表現得非常沒有禮貌。

等張爺爺走了後，媽媽嚴厲地對丁丁說：「丁丁，我跟你說過多少次了，對人一定要有禮貌，你怎麼就是記不住呢！」

丁丁鼓著腮幫子頂嘴道：「媽媽，那妳為什麼不對爺爺、奶奶有禮貌呢？」媽媽聽了丁丁的話，頓時語塞結舌。

「病」由家生

身為孩子第一任老師的父母，如果我們希望把自己的孩子教育好，就應該為孩子樹立良好的榜樣，用自己的言行來感染孩子。父母的一言一行孩子都會看在眼裡、記在心中。父母是孩子的一面鏡子，是孩子無形的榜樣。如果父母做人做事總是南轅北轍，勢必對孩子的心理發展和品性形成產生不良影響。

生活中有些父母常常埋怨自己的孩子懶散、任性、沒有耐心、不求上進、不尊敬長輩、不體貼父母、不懂人情世故……可是，父母卻從來不反省自己的所作所為。我們在大街上經常可以看到這樣的情形：有的父母當著孩子的面，在大庭廣眾之下與他人大打出手；有的父母則當著孩子的面，隨地吐痰；還有父母當著孩子的面，把本來不屬於自己的東西拿回家……

孩子和父母朝夕相處，日夜為伴，對父母的依賴性、模仿性最強。他們認為父母的一切言談舉止都是最標準、最美好的，對父母的一切言行都有強烈的模仿欲望。比如說，父母的走路說話、待人接物、歡樂與痛苦等，孩子都看在眼裡，記在心上，努力去模仿，無論好壞都照單全收。

當父母把髒東西放入垃圾桶裡，孩子也會這樣做；當父母隨處亂丟垃圾，孩子也會亂丟雜物……一個自私的父母很難教育出一個無私的孩子，心胸狹隘的父母也很難培養出一個寬宏大度的子女。

東東是一個剛滿十二歲的小男孩，讀小學六年級。東東的父母對孩子教育很嚴格：放學以後不許玩；作業做不完不許玩電子遊戲、不許看電視。如果東東不聽話，輕則責罵，重則痛打。但遺憾的是，這種嚴厲的教育方式卻沒辦法使東東成為一個好孩子。

原來，東東的父母整天沉迷於打麻將，不重視對孩子的身教。他們以為只要對小孩子嚴厲一些，罵幾句、打幾頓就會聽話，但結果卻恰恰相反。

一個週末，東東的父母打完麻將後回到家裡，卻發現兒子正和幾個朋友玩撲克牌。真可說是玩得不亦樂乎。東東的父親見狀，頓時氣不過，動手就要打。東東一邊大哭，一邊喊：「我作業都做完了。為什麼你能玩麻將，我就不能玩撲克牌？」

聽到兒子的這句話，父親揚起的巴掌最後沒有落下來。

古語道：「其身正，有令則行；其身不正，雖令不從。」古代大教育家孔子也說過：「**欲教子先正其身**。」父母的言談舉止，猶如一本沒有文字的教科書。在孩子面前，父母從思想品德到生活小節，沒有一件是小事。父母做不到的事情，而要求孩子做到，孩子即使照做了，也是敷衍的，心裡是不服氣的；如果父母做到了，不用言語，孩子自然會照著做。

指點迷津

蘇聯著名教育家蘇霍姆林斯基（Vasilii Aleksandrovich Sukhomlinskii）說過：「父母自身的行為對孩子有著重大影響。不要以為只有你們跟孩子談話和教導孩子、吩咐孩子的時候，才是在教育孩子。在你們生活的每一瞬間，甚至當你們不在家的時候，都是在教育孩子。你們怎樣穿衣，怎樣跟別人說話，怎樣表示快樂和不開心，怎樣對待朋友和仇敵，怎樣笑，怎樣讀報……所有這一切，對孩子都有很大的教育意義。」

因此，父母對子女的示範效應展現在日常生活中。無論何時何地，父母應言行一致，表裡如一，絕不能做那種說一套、做一套，在外一套、在家一套，當面一套、背後一套的偽君子。如果要求孩子好好讀書，做一名好學生，父母首先要在工作職務上兢兢業業，有所成就；如果要求孩子在思想品德上和同學團結友愛，互相幫助，父母自己首先要與鄰里和睦相處，友好往來，不在一些雞毛蒜皮的小事上斤斤計較……只有這樣，才能在孩子面前樹立威信，才能讓孩子對父母的管教心服口服。

蘇聯還有一位著名教育家馬可連科（Anton Semyonovich Makarenko）也曾經講過：「一個家長對自己的要求，一個家長對自己家庭的尊重，一個家長對自己每一行為舉止的注重，就是對子女最首要的、也是最重要的教育方法。」父母的言行是孩子無聲的老師，對孩子有著強大的潛移默化作用。父母一定要以身作則，時時、處處、事事嚴格要求自己，為孩子樹立人生的好榜樣。

二．父母應「同唱一首歌」

一盞心燈

教育孩子，父母一定要有共識，只有父母「同唱一首歌」，孩子才能從中得到益處，有利於他們建立健康的人格。

教子現場

馬柯沒有考上大學，高中畢業後一直待業在家。有一天吃晚飯時，又因為一點小事與爸爸發生了爭吵，爸爸舉起手中的筷子要打他。這時的馬柯突然從椅子上跳起來，一把奪過爸爸手中的筷子，並把爸爸按倒在地上一頓暴打。

看到這一幕，全家人都嚇傻了。從這以後，馬柯稍不如意就對爸爸大打出手，這時的爸爸一點脾氣都沒有了。

大家可能都想問，孩子怎麼會變成這樣呢？原來馬柯的爸爸從小就以「棍棒底下出孝子」的原則來教育孩子，他認為孩子從小就要嚴格要求。但是，馬柯爸爸嚴格也是出了名的了。馬柯讀小學時，有一次因為撒謊、蹺課，被爸爸打得遍體鱗傷。馬柯媽媽則反對爸爸的嚴格，她是過於偏愛孩子、溺愛孩子。有時爸爸打了孩子，她就會在一邊攔著、護著，心疼得不得了，還哄著孩子說：「別哭，我們長大了再揍他。」

在這樣的教育環境下，馬柯有點失去了自我，慢慢地變得鬱悶了，脾氣也暴躁了，總想找人發脾氣。

在大學考試落榜後，馬柯終於爆發了。此時的馬柯不知道自己該做什麼，沮喪、自卑、無法控制自己的情緒，於是就出現了前面打罵爸爸的極端行為。

「病」由家生

長期以來，父母對孩子教育態度不一致，一直是家庭教育中存在的普遍現象。例如，孩子做錯了事，爸爸想和他講道理，媽媽卻不耐煩地動手就打；或是母親想和孩子講道理，父親卻實行棍棒教育。

志志今年八歲，爸爸是做生意的，家庭條件很好，所以志志的生活水準也就比一般的同學要高。志志想要買什麼東西，只要不是過於昂貴，向爸爸媽媽撒撒嬌，願望也就滿足了。

不過志志的媽媽是一個很節省的人，她怕孩子養成亂花錢的習慣，因此不想再給孩子零用錢了。志志爸爸卻認為，應該每天給志志一些零用錢，怕萬一出現什麼情況沒錢用。所以，志志的爸爸就偷偷地給孩子錢。

結果，志志花錢越來越沒有節制，最後竟演變成從家裡偷錢的事件。直到發生了這種事，志志的爸爸媽媽才認識到教育不一致的嚴重性。

父母教育孩子的態度不一致，主要表現在對孩子的培養目標不一致、對孩子「愛」的投入方式不一致、對孩子的情感表達方式不同等方面。父母對孩子教育態度的不一致，孩子容易形成兩面人格；容易形成對父母的不理解到怨恨的心理；由於長期處在「不知聽誰的好」的矛盾心態中，會使孩子導致遇事時無所適從，優柔寡斷；長期的矛盾教育還會導致孩子對誰都不信任，容易養成「看破紅塵」的頹廢心理，缺乏責任感。

因此說，**不論是父母還是孩子的所有長輩，在教育孩子的事情上一定要保持一致性，集「嚴」、「愛」於一身，教子有方、愛子有度**。不管是嚴格也好，慈愛也罷，都應該保持統一，且合理有規範。該嚴格的時候一起嚴格，該慈愛的時候一起慈愛。需要嚴格的時候真正地嚴得起來，需要慈愛的時候能真正有慈。如此配合默契才能取得孩子的信任和尊重，也才能給孩子最有利的成長環境。

指點迷津

要想在教育孩子問題的保持態度一致，父母須就以下問題達成一致：

一是整個家庭的短期、長遠規畫。孩子的成長和教育脫離不了整個家庭發展的大環境。制訂這個規畫，可使家庭的生活目標更明確。

二是近三年內對孩子的規畫。有了近距離的方向，才不會出現「多頭」教育。

三是希望孩子將來成為什麼樣的人。主要在性格和特質方面，這是父母處理有關孩子問題的前提和目標。

四是提前做好溝通。在教育孩子的過程中，如果一方觀念和方式與另一方發生衝突，不要當著孩子的面意見不合。即使有一方處理不妥當，也要等孩子不在場時，雙方交換意見，統一教育方法，再由對方自己去糾正處理。讓孩子看到父母當面爭吵，孩子會有這樣一個概念：大人們都沒有搞清楚這個問題。

教育孩子，父母一定要有共識，如果不能「雙劍合壁」，孩子儘管能夠適應，但成長多會有阻力。只有父母「同唱一首歌」，孩子才能從中得到益處，獲得健康成長。

三·不要把您的壞情緒轉嫁給孩子

一盞心燈

父母性格溫和，孩子性情自然也就平和；父母性格暴躁，孩子遇事也難免心浮氣躁。

教子現場

在一次親子交流會上，有一位母親這樣傾訴：

「我的孩子自制力太差，嘴上雖然答應得好好的，但總是做不到。每天做作業，我都要發好多次火，他才能勉強完成。我真的不知道為他操了多少心。現在我跟孩子在家裡就像仇人一樣。我真的不知道要怎麼辦才好？想到孩子的爸爸每天那麼辛辛苦苦工作，而我連個孩子都教育不好，我現在真的是又著急、又難過。這樣下去，孩子長大了該怎麼辦？」

這位母親在傾訴中充滿了焦慮、憂傷、失望和無可奈何。

「病」由家生

面對這樣一個母親，我們首先要解決的不是孩子的問題，而是她本身的情緒問題。

壞情緒是可以傳染的，如果孩子每天面對的是愛嘮叨，經常發火、焦慮、緊張的父母，其情緒也肯定是很糟的。**父母也是孩子情緒的榜樣**。

美國某兒童醫療中心曾對一些美國家庭進行過調查，他們發現，如果父母患有焦慮症，那麼他們的孩子患有焦慮症的風險是正常家庭孩子的七倍。患有焦慮症的父母，一般是透過以下行為舉止將焦慮症「傳染」給孩子：過度責備、對孩子過度保護、在孩子面前經常流露出驚慌和害怕的表情等。

孩子在父母的壞情緒面前，很容易產生內心衝突。他們不得不依賴父母的照顧，以滿足自己的某些需求，但他們又不喜歡父母的壞情緒及其一些行為方式。內心的矛盾使他們變得心情煩躁、鬱鬱寡歡、精神分散，嚴重的會出現緊張、焦慮或強迫症。長此以往，他們會將這種困擾壓迫到無意識中，有意無意地採取一些如強迫動作、說謊、蹺課等反抗行為，喪失自尊和自信。

父母是孩子心中的偶像，對孩子有著相當大的影響力。父母的言行舉止對孩子有直接的示範作用。父母性格溫和，孩子的性情自然也就平和；父母性格暴躁，孩子遇事也難免心浮氣躁。

如果一個母親遇到問題和不快，在家摔東西、暴怒、哭泣……這些不理智的行為，很容易會被孩子模仿。如果一位父親，因工作壓力大，情緒低落，經常在家發脾氣，他的孩子一定會產生焦慮、壓抑的心情，並逐漸學習到父親的行為方式。在遇到類似的壓力後，會以相同的方式表現出來。

因此，控制情緒是做父母們需要學習的重要一課。受益的將不只是我們自己，還有我們的孩子。

指點迷津

父母在家庭生活中的行為，尤其是情緒，是孩子心理健康發育的直接影響因素。父母的行為是孩子的標竿，是孩子心理發育的影響指標。做父母的無論遇到多大的困難和挫折，為了孩子的心理健康，也要特別注意情緒控制，謹防孩子因父母的壞情緒而影響到正常的心理發育。

為了不把壞情緒傳給孩子，父母要注意以下幾點：

一是不要把孩子當成傾訴的對象，以免給孩子太多負擔。遇到不開心的事，不必對孩子說得太詳細，只需要對孩子說：「爸爸在工作上碰到了一點麻煩！」或者是：「媽媽今天心情不好！」就夠了。

二是要承認自己的心情不好，並要告訴孩子這是爸爸媽媽自己的問題，與他無關，請他不要擔心。可以對他說：「大人也有大人的問題，我們必須自己去解決。所以，你不用擔心。」或者告訴孩子：「這不是你的錯。我心情不好，你很不高興，是不是？」還要告訴他：「雖然我們現在不是很愉快，但仍然很愛你。」

三是孩子要是很努力地想安慰我們，他過來抱著我們，給我們吃塊他的餅乾，或逗我們笑，可別忘了說：「我覺得好多了！」或者是：「但願我心情好點，可以陪你玩！」

總之，當父母的心情不好時，一定要警惕自己的壞情緒影響到孩子，避免在孩子面前過分焦慮、緊張，以及對孩子過度保護、動輒打罵，將自己的壞情緒「傳染」給孩子，影響孩子的身心健康。

四．家不是孩子滋生虛榮心的「溫床」

一盞心燈

一個孩子的虛榮心不是天生就有的，主要受到家庭環境的影響。孩子虛榮過度大多是父母的嬌寵無度所致。

教子現場

某市曾發生過一起重大盜竊案，最後經過警方追查發現，犯案者竟然是兩位在校中學生。他們為了追求物質享受，與同學比較，在虛榮心的驅使下，兩人從民眾家中盜走了四萬多元。盜竊成功後，兩人在短短的四天之內，就將所有的錢揮霍一空。他們在商場購買最昂貴的衣服，到最高級的餐廳吃飯，住的也是最豪華的飯店，奢侈程度令人咋舌！

犯案者之一的秦濤，來自鄉下，父親在他很小的時候就不幸身亡，一直和母親相依為命。雖然家庭條件不是很寬裕，但是媽媽卻從來不計較秦濤的吃穿，凡是別的孩子有的，都會買給秦濤。她覺得孩子已經沒有了父愛，如果在物質上再虧待孩子，那就太對不起他了。所以，秦濤在同學中算是很有派頭的一個，他感到很滿足。從小學到國中，秦濤的課業成績也一直很好。在媽媽和老師的眼裡，秦濤是一個很優秀的孩子。

直到上了都市的高中以後，情況就開始發生了變化。高中的同學和他以前的同學家庭條件相比，生活消費水準非常高，穿的、用的都是奢侈品。相比之下，秦濤就顯得格格不入了，以前的優越感一下子便蕩然無存，心理開始漸漸失衡。

為了不落於人後，秦濤每次回家都要向媽媽要很多錢，跟同學比吃、比穿，以滿足他的虛榮心。剛開始，媽媽還大方地給他，但後來，媽媽實在是無法負擔秦濤的花費，便拒絕了他幾次。

秦濤屢次碰壁後，心裡就動了邪念：「別人有的我為什麼不能有，這根本就不公平。」於是，秦濤就開始偷同學的錢，因為好幾次都輕易得手，所以膽子越來越大。在虛榮心的驅使下，他愈陷愈深，最後夥同另一少年一起犯案……

「病」由家生

一個孩子的虛榮心不是天生就有的，而是後天養成的。孩子是否具有虛榮心，主要受到家庭環境的影響。**很多孩子虛榮過度多是父母的嬌寵無度所致**。從上面這個故事中我們可以看出，秦濤的虛榮心正是來自於媽媽從小對他的嬌慣，要什麼給什麼，最後使秦濤走上了犯罪的道路。

很多父母不懂得如何表達對孩子的愛，便會透過滿足物質願望來表達。而這種表達方式，容易造成孩子價值觀的偏差，使孩子以後往單純追求物質享受方向發展。

有些父母喜歡買名牌給孩子，以彰顯自己的身分、地位和品味；或者看見別人家的孩子打扮得漂亮、時髦，自己便不甘心落後於人。這種做法其實是在替孩子灌輸一種「自己家很有錢」的觀念，這就替孩子虛榮心的滋生造就了「溫床」。

還有些父母，本來家裡的經濟條件並不是很寬裕，但因為擔心自己的孩子被人瞧不起，受人欺侮。所以當孩子說別人有什麼東西時，便也咬緊牙關為孩子買一份，哪怕自己再苦再累也在所不惜。這樣做，會導致孩子錯誤地以為面子才是最重要的，日後可能為了愛面子而做出不切實際的行為。

父母自己如果虛榮心太強，處處用虛假的東西來掩飾自己的不足，孩子從小耳濡目染，虛榮心就會慢慢地滋生。

虛榮心太強的孩子，喜歡透過擁有物質來展現自己的實力。常在同學面前誇耀自己父母的地位或者家境的富足，以突顯出自己的優越感，講究排場追求時髦，特別注重穿著打扮，看見別人穿了件新衣服，自己也一定要買件漂亮的。孩子的虛榮心太強，還往往對自己的能力、水準自視甚高，不懂裝懂，自以為是，常常在別人面前炫耀自己的特長和成績。

孩子的虛榮心太強，會嚴重地侵蝕他們的金錢觀，讓他們的眼中充滿物欲，會讓他們走上貪圖享樂、撒謊欺詐，甚至少年犯罪的道路。他們不明白金錢要透過工作才能獲得，不願意透過勤勞節儉來累積自己的財富，因而在物質誘惑面前，做出一些鋌而走險的事情。

所以，當孩子的虛榮心太強時，父母一定要分析原因，引導孩子正確對待課業與生活，從現實出發，鼓勵孩子克服虛榮的壞習慣。

指點迷津

虛榮心強對孩子來說無疑是一種可怕的不良心理。父母對虛榮心較重的孩子不能掉以輕心，而應當採取必要的方法加以糾正：

1　不再放縱孩子的消費欲

不管家裡的經濟條件如何，父母都不能放縱孩子的消費欲，應有目的、有計畫地加以引導，逐步糾正孩子追求穿戴、愛慕虛榮的壞習慣。若發現小孩子是出於比較心態，向自己提出的消費要求時，千萬不要去鼓勵和支持。在比較的過程中，孩子的虛榮心是最容易滋長的。

2　滿足孩子自尊的需要

想要杜絕孩子的虛榮心，可以幫孩子找到一些用來滿足他自尊的方式。比如發掘孩子的特長，讓孩子提高課業成績，引導孩子樂於助人等。透過這些活動，可能給孩子帶來榮譽感和關注度，因而滿足了孩子的自尊心。

3　對孩子實行高要求

假如孩子做事情總比別人做得快、做得好，就要交給他一些有一定難度的任務，讓他感到自己能力不足，需要別人說明和指導。進行挫折訓練，讓孩子經歷失敗的考驗是很必要的。

4 自己不要再虛榮下去了

父母是孩子的榜樣，父母要讓自己的言行，在生活中一點一滴地給孩子做出正確的示範；並且透過恰當的時機，讓孩子感受到虛榮心太強所帶來的煩惱和痛苦，因而自覺地意識到虛榮心太強是不利於自己成長的。

總之，父母應該對孩子的虛榮心理防微杜漸，並從自己做起，儘早予以教育和糾正。

五・少些爭吵，多些愛——你的孩子傷不起

一盞心燈

如果父母在家裡經常吵架鬥嘴，則會讓孩子經常處於緊張和恐懼之中，對於孩子的心理發育極為不利。

教子現場

關女士最近發現自己十歲的兒子變得十分孤僻，總是獨來獨往，不僅在學校裡沒有

什麼朋友，就連回家後，對一直以來都十分親近的自己，也是愛理不理的。於是，關女士帶著兒子去看了心理醫生。

經過醫生耐心地詢問才了解到，原來，自從結婚以後，關女士一直與丈夫衝突不斷，經常在孩子面前爭吵。每每爭論不下時，夫妻倆便會找來孩子作「裁判」。就在兩人你爭我執的這麼多年中，傷害的不僅僅是彼此的感情，也讓兒子成了無休止的「家庭大戰」的犧牲品。

父母無休止地爭吵，使兒子的心靈長期被緊張、恐懼、不安折磨著，逐漸變得膽怯、懦弱、自卑，總覺得自己不如別人，在同學面前低人一等。久而久之，他就養成了內向憂鬱的性格，日漸疏遠同學，回到家裡也不想說話。

「病」由家生

孩子需要的是安全感，他不是怕天崩地裂，而是怕父母關係不和諧。**安全感足夠，孩子才會充分地發展出獨立的自我**。如果父母關係不和諧，經常吵架、打架，會造成孩子的心理創傷，有些創傷終身難以癒合。研究表明，父母在家中情緒友善平和，接人待物謙虛禮貌，會有助於孩子的心理健康發育；而父母在家裡經常情緒惡劣，吵架鬥嘴，則會讓孩子經常處於緊張和恐懼之中，對於孩子的心理發育極其不利。

平日裡，很多父母對孩子都是又疼又愛，但夫妻之間吵架時，往往都會變得臉紅脖子粗，一反往日的溫柔、親切。這種巨大的反差很容易嚇到孩子，使孩子產生緊張心理和恐懼感。如果父母有一方是衝動型、情緒失控的人，還會導致孩子由於受驚嚇而長期尿床。

如果父母之間頻繁發生「戰爭」，使孩子整日生活在惶恐之中，會對孩子的安全感造成巨大傷害。有的父母吵得激烈的時候，甚至拿孩子賭氣，不去照顧他。這會讓孩子認為是自己做錯了事情，爸爸媽媽不愛自己了，他們會分開，因而精神高度不安，心理會滋生不安全的感覺。

有調查顯示，**百分之八十五的孩子最害怕的就是父母吵架**。在「硝煙彌漫」的家庭中生活，孩子容易變得退縮、自卑，與人交往時不夠自信、不主動，無法充分地與人建立信任關係，容易陷入人際交往障礙。

孩子認識和處理問題方式，很多時候來自於對父母的觀察和無意識模仿。父母吵架時，往往會說出許多難聽話，甚至大打出手。父母吵架時的神態、姿勢、語氣、用語，孩子都有可能學到。而且，父母之間出現了意見分歧就吵架或者打架，會使孩子誤以為吵架、打架是解決問題的好辦法。

如果父母每天爭吵不斷，使家庭不能為孩子提供應有的溫暖和安全，很容易使孩子喪失對婚姻的美好期待。有研究表明，經常面對家庭「戰火」的孩子，容易焦慮、多疑，對未來的生活缺乏信心，尤其是容易對未來的婚姻產生一定的恐懼感。

因此，父母一定要盡量避免在孩子面前爭吵，更不要企圖讓孩子來「作裁判」。父母吵架對孩子的傷害是隱性的，問題的出現有時是後知後覺的。如果父母沒有意識到後果，必定會讓孩子受到傷害。所以，父母要想有一個健康的孩子，首先要讓自己成為一個能夠控制情緒的人。

指點迷津

好的夫妻關係是送給孩子最好的成長禮物。美國家庭治療大師維琴妮亞·薩提爾（Virginia Satir）說：「無論國王還是農夫，只要他家庭和睦，便是世界上最幸福的人。」溫和而穩定的家庭關係，才能為你的孩子不斷輸送心理營養，讓他們勇於打開心靈、迎接挑戰。

但是，夫妻之間爭吵也是難免的，再恩愛的夫妻也會鬥嘴，那麼，如果我們真的在孩子面前吵架了，事後該怎麼彌補呢？

為了不讓夫妻之間的爭吵使孩子感到害怕，我們務必要向孩子說明為何爭論。比如，我們可以溫柔地告訴孩子：「媽媽生爸爸的氣，他吃完飯就去看報紙，媽媽希望他幫助做家事。」

而且，還要鼓勵孩子把爸爸媽媽吵架時的感受說出來。比如害怕，我們要弄清楚孩子害怕的是什麼，是父母吵架的腔調和表情，還是怕父母分開不要自己了？我們可以擁抱、親吻孩子，來傳達對孩子的關愛，同時向他保證爸爸媽媽不會不要他，讓他安心。

夫妻爭吵之後，要讓孩子看到父母後來是如何重歸於好的。例如表示道歉、相互擁抱或者各自讓步。還要明確無誤地向孩子表明，吵架的事情已經過去，爸爸媽媽不再吵架了。當孩子看到爸爸媽媽平心靜氣地講話，自然會平靜許多。時間久了，只要父母一直不再吵架，孩子就會漸漸淡忘的。

身為父母，我們要知道，夫妻關係先於親子關係而存在。成功的父母先要學習做一個好丈夫或好妻子，創造充滿親情及平和的家庭環境，讓孩子沐浴在愛的環境中成長。

六・孩子不是家庭冷暴力的犧牲品

一盞心燈

家庭冷暴力會讓孩子缺乏安全感，覺得自己不被父母重視和喜歡，因而產生自卑自憐的心理。這會對孩子長大後的心理產生不良影響，甚至悲觀厭世，很難與人溝通，無法樹立自信心。

教子現場

十歲的航航在一個月內離家出走了三次，他的媽媽感覺這孩子是不是心理有問題了。於是，帶著他去看精神科。醫生問航航為什麼要離家出走，航航說：「爸爸媽媽在家裡從來都不說話，我只是想引起他們的注意。」

航航的媽媽告訴醫生說，她和航航爸爸平時工作很忙。以前兩個人的關係非常好，但在半年前，自己在丈夫手機裡意外發現了一條曖昧簡訊，於是兩人便開始大吵大鬧。就這樣吵了兩個月後，兩個人突然不吵了，每天見了面也不說話。但為了孩子的健康成長，兩個人都沒有提出離婚，就這樣一直冷戰著。

這個月的三號，航航拿著自己存下來的零用錢，悄悄離家到了網咖。晚上十二點，夫妻倆發現兒子還沒有回家，就急忙在家附近尋找，直到凌晨四點才在網咖裡找到了孩子。

這個月的十五號，航航藉口到同學家去，又再次離家出走。夫妻倆徹夜尋找，才在一個公園的長椅上，發現了已經睡著的兒子。從此，夫妻二人便加強了對兒子的管教，還特地請了一個保姆來監督孩子。

可是在前天，航航藉著到樓下買飲料的機會，再次出走。這次航航沒有走遠，就在家附近的馬路邊，等著父母過來找他。接二連三地離家出走，夫妻倆都認為航航「有問題」，於是帶他來看醫生。

航航告訴醫生，他每天放學回到家裡，爸爸媽媽都不說話，他心裡一直擔心是不是爸爸媽媽不愛自己了。每次想把學校發生的好玩的事情告訴他們，但一看到他們冷冰冰的臉，到嘴邊的話都給嚥下去了。而每次離家出走以後，爸爸媽媽都對自己非常好，想要什麼就給什麼，想吃什麼就做什麼。所以，為了引起爸爸媽媽的重視，他便一而再，再而三地離家出走。

「病」由家生

航航父母的這種行為屬於家庭冷暴力。在現代社會，很多家庭都存在著或輕或重的家庭冷暴力。尤其是在學歷較高、具有一定知識素養的夫妻中，家庭冷暴力現象的存在愈來愈多。

有人可能會問究竟什麼是家庭冷暴力呢？很簡單，就是指夫妻雙方產生衝突時，對對方漠不關心，極少與對方交流，停止或敷衍性生活，懶於做一切家務工作等非正式暴力行為。家庭冷暴力雖不訴諸武力，但卻透過暗示的威脅、言語的攻擊，在經濟上和性方面對對方進行控制。彼此有意用精神折磨來摧殘對方，使婚姻處於一種長期的不正常狀態。這種精神上的折磨和摧殘，甚至比肉體傷害更可怕。

家庭冷暴力不僅會對大人造成一定的傷害，同時，我們也要清楚地認識到，持續的冷戰也會影響孩子的心理健康，有的孩子甚至會成為冷戰的犧牲品。**家庭冷暴力可能會讓孩子缺乏安全感，覺得自己不被爸爸媽媽重視和喜歡，因而產生自卑自憐的心理。**這會對孩子長大後的心理產生不良影響，甚至悲觀厭世，很難與人溝通，無法樹立自信心。也有的孩子會學會父母的冷暴力方式，變得很冷漠，沒有一般孩子的喜怒哀樂，對他人也是漠不關心……

處於家庭冷暴力中的孩子，因為得不到父母的關愛，他們常常會做出異常舉動，有的故意損壞東西，有的滿口髒話，有的脾氣變得暴躁、怪異，有的荒廢學業、離家出走，有的甚至故意犯罪……孩子之所以會做出這些行為，他們的目的主要就是為了引起父母的注意。

因此，如果我們的家庭正處於冷暴力中，那麼一家人應當坐下來，冷靜地理清矛盾所在，盡快地結束「冷戰」，給孩子一個安靜的環境生活和讀書。

指點迷津

大多數遭遇家庭「冷暴力」的人都有這樣一種感覺：無人可訴，無處可斷。在這種情況下，我們應該用什麼方法來應對家庭「冷暴力」呢？

1 冷靜的分析

當我們與伴侶出現冷暴力傾向時，一定要保持冷靜，用冷靜的心態來分析夫妻之間的衝突所在。我們可以把夫妻二人生活中有可能激發對方冷暴力的問題一一寫下來，然後再把跟自己無關的因素也寫下來，同時，我們把伴侶的性格特點也寫下來，看看是什麼原因刺激對方對自己進行冷暴力的。

2 積極的溝通

雙方的交流減少，一天說不上幾句話，甚至幾天不說一句話，是家庭冷暴力最顯著的一個特徵。當我們冷靜地分析好所有原因之後，就應該主動提出與對方進行溝通。夫妻雙方都要開誠布公，把一切有可能的問題都擺在桌面上。如果僅僅是家庭內部衝突或源於自己的衝突，這種溝通就很有可能解決問題。如果對方的問題，比如有外遇什麼的，這樣也能有助於自己了解事情的真相。

3

暫時的小別

要是夫妻之間僅僅是處在一個較長時間的「冷戰」階段的話，暫時的分開將是一個非常好的辦法。這樣可以讓雙方都冷靜一下，想一想問題出在哪裡，為以後問題的解決做準備。但我們要記住，分開的時間不要超過一個月，回到家以後，雙方要積極溝通，也千萬不要分居，那樣就什麼也說不清了，問題將會更加嚴重！

孩童期的心理健康往往影響人的一生，處於「冷暴力」當中的夫妻應盡快結束無休止的「冷戰」，對婚姻作出積極的行動，並做到不疏忽孩子的感受，保持對孩子的健康關愛。

七・多點時間陪孩子是給他最好的禮物

一盞心燈

對於孩子來說，玩具和零食不是萬能的。如果缺少了父親、母親的關愛，孩子很容易產生心理變態，以至於引起精神障礙。

教子現場

一位父親帶著滿臉的疲倦下班回到了家裡，剛想躺下休息一會，這時兒子走過去問他：「爸爸，您一個小時的薪水是多少？」父親有點不高興地說：「二百元，小孩子問這個幹什麼？」

兒子聽了以後，對父親說：「爸爸，您能借我一百元嗎？」父親很氣憤地說：「我工作這麼辛苦，一個小時也才賺二百元，你肯定是要錢買什麼玩具！」然後氣沖沖地叫兒子馬上回自己的房間看書去。

父親冷靜下來後，覺得自己剛才對兒子的態度有點過分，於是他再去找兒子，說答應給兒子一百元。兒子聽了很高興，從床底又拿出了一些錢。父親這時又生起氣來，馬上責問兒子：「為什麼自己有錢，還叫我再給你。」

兒子回答說：「我這裡只有一百，還不夠，現在您借我一百元，我有二百元了，爸爸，我要用這二百元買下您一個小時的時間，來陪我玩。」

「病」由家生

美國有一家週刊曾做過一項調查，他們請世界五百大企業退休的董事長們填寫一份問卷。問卷中有這樣一個問題：如果人生可以重來，你認為什麼是你絕對不能錯過的？

其中前十大企業的老闆對這個問題都有相同的回答：一定不放棄陪伴孩子一起成長。

英國教育家夏洛特．梅森（Charlotte Mason）認為，很多父母總是終日奔忙，從來無暇顧及孩子。當他們終於有一天想好好關心孩子的時候，發現竟然無法與孩子進行溝通，父母對孩子已經變得無足輕重。目前大部分父母有這麼一種觀念和想法：多賺些錢給孩子提供最豐富的物質條件，讓他們上最好的學校。其實，**多花一些時間陪陪孩子，這才是給孩子最好的禮物**。

當兒子成為昆蟲學家時，年老的父親對孩子說：「在你小的時候，我們家裡生活很苦，爸爸就拚命地工作，掙錢養家，所幸你沒有被凍著、餓著。」

兒子則說：「對小時候的艱苦生活，我沒有多少印象。不過，有一次，您陪我在微風細雨中揮舞著掃把捉蜻蜓，我倒是記得非常清楚。也許您還不知道，正是因為那次美好的經歷，才引領我日後走進昆蟲學的研究領域。」

一味地在物質方面對孩子關懷備至，而在精神方面卻疏忽大意，這對孩子的健康成長極為不利。馬卡連柯指出，父母對孩子的愛如果不夠，孩子就會感到痛苦。這種痛苦，父母是不能體會和理解的。如果較長時間忍受這種痛苦，孩子就會發生心理變態，很可能會引起精神障礙。

對於孩子來說，玩具和零食不是萬能的，他們最希望的是爸爸媽媽能在自己的身邊。如果父母經常用物質來補償孩子缺失的情感，他們可能會認為在爸爸媽媽眼裡賺錢更重要，那麼他們也會不自覺地產生物質至上的思想，認為金錢可以換來親情，可以買來一切。

小英是一位十一歲的女孩，父母常年在外打工，她感覺到非常孤獨。為了緩解自己的孤獨感，她竟然經常吃自己的頭髮，而且一吃就是三年。結果手術發現，她的胃裡有上萬根頭髮，占據了胃內百分之九十的空間。小英的父母對自己的疏忽後悔莫及，說他們一直在外工作，與孩子在一起的時間非常少。如果能多點時間陪她，就不會發生這種事情了。小英的父母決定等女兒康復出院之後，一定要在家裡多陪一陪她。

看完這個故事，真是不寒而慄。小英這個年紀正是心理發展的關鍵時期，需要關愛和安全感，父母的遠離必然造成心理緊張、焦慮甚至恐懼。為了緩解這些症狀，她就只能把注意力轉向其他事物來控制自己的緊張和焦慮。

父母們一定要記住：管吃管住，吃飽喝足，適合於養寵物，而不適合養孩子。要想讓自己的孩子健康成長，就一定不能忽視與孩子在一起的時間，盡量多抽一些時間陪伴孩子。

指點迷津

孩子要健康成長，並不能僅僅靠豐富的物質生活獲得保障，更多的是需要父母的關愛、親情的慰藉。可是，現在很多父母都是每天忙事業、忙賺錢，很少有時間陪孩子唱兒歌、講故事、玩遊戲、捉迷藏。孩子一有這方面的要求，就用一句話打發：「自己去玩，沒看我正忙著嗎？」

事實上，錢可以慢慢賺，事業也可以一步步發展。孩子成長中每一個腳步都是不可能重複的，許多事情，一旦錯過就不可挽回了。

1　每天分出幾分鐘時間給孩子

當孩子有問題需要解答，有困難需要幫助，或者感到孤獨時，是他最需要父母關愛的時候。實際上，孩子對父母並沒有太過分的要求。他心裡委屈了，想向你傾訴；他有好消息，想讓你也知道；他一個人太悶，想讓你陪一會……這些要求都不過分，也不會耽誤我們太多的時間。

只要我們能分出幾分鐘的時間來，或聽他訴說，或分享他的快樂，或陪他玩一會，既滿足了他的需求，也能讓自己從忙碌的事務中解脫出來，放鬆一下。其實，孩子的要求真的很簡單，我們為什麼就不能滿足他呢？

2　經常與孩子一起共進晚餐

晚餐是聯絡親子感情的最佳時機。很多孩子喜歡在吃飯的時候，向父母描述一天中發生的各種趣事或對他們而言印象深刻的事情，這提供給孩子一個向父母傾訴的機會。經常跟孩子一起吃晚餐，可以有機會了解孩子的現狀，可以跟孩子談論各種事情，可以深入了解孩子的內心世界。

一家人在一起吃晚餐，其樂融融的氛圍可以讓孩子感受到家庭的溫暖，因而讓他們產生安全感和歸屬感。席間爸爸媽媽的關心，可以讓孩子體會到被關注與被愛的感覺。這對孩子的身心健康都是十分有好處的。因此，當父母因為工作忙，無法抽出時間與孩子交流時，不妨透過與孩子共進晚餐的方式，來了解和關愛孩子。

3 人在心也要在

陪伴孩子，不僅僅只是與孩子待在一起，而是要主動與孩子溝通，讓孩子感覺到我們是積極地陪伴著他，而不是「人在心不在」。父母陪伴孩子，關鍵的不是陪伴次數的多少、時間長短的問題，而是陪伴的品質。即使我們只和孩子在一起幾分鐘的時間，但只要專心致志地和他在一起，也能讓孩子感覺到父母對他的真實情感和愛。

一個稱職的父母應該懂得忙裡偷閒去陪伴孩子。如果能抽點時間好好陪孩子玩一天，我們就會發現，自己獲得的將是意想不到的幸福和滿足，與孩子在一起的那份親情，是任何東西都無法取代的。

第二章

要疼愛更要嚴厲——學會對孩子說「不」

當你的孩子出現一些不良行為或不正當的要求時，為父母的你們能做到在拒絕孩子的情況下，同時讓他們感到幸福嗎？孩子是這個世界上最單純、最不應受到傷害又最容易被傷害的群體。「不」，不僅僅是一個字的回答，而且是一種教子的策略。適當地約束、拒絕孩子，不僅不會傷害孩子，反而會提升父母在孩子心中的威信，同時培養出孩子自立、自律、正直、尊重他人等對成功至關重要的個人特質。

一・溺愛本是一種軟暴力

一盞心燈

過分的關心溺愛，會讓孩子從小就只會享受，不知奉獻；心中只有自己，沒有他人；情感世界中只關注自己，不知體會別人。

教子現場

小偉今年十六歲，念高中一年級，他與爸爸的關係非常不好。因為和爸爸吵了一架，小偉就威脅媽媽說：「你是要老公，還是要我。如果要他，我就離開這個家。如果要我，你就和那個人離婚。」

小偉的爸爸媽媽是經別人介紹而戀愛結婚，感情一直很平淡。等有了小偉之後，媽媽幾乎把全部感情都投入到兒子身上，對丈夫很忽略。吃飯時，媽媽會縱容小偉爬到餐桌上跳舞，就算把飯菜弄翻，她也只是很開心地笑。吃魚時，她會把骨頭先剔掉，然後再放到小偉的碗裡。即使小偉上高中了，仍然如此。

小偉爸爸曾多次表示她不要太溺愛孩子，她卻說這樣做是為了節省兒子的時間，防止他上學遲到。給小偉帶午餐便當時，媽媽也會先把蛋殼剝掉。有一次，因為著急，她忘了剝蛋殼，小偉晚上居然餓著肚子回來了，沒有剝殼的雞蛋也原封不動地帶了回來。

小偉從出生一直到國中畢業，都是和媽媽睡一張床。上高中一年級時，媽媽曾到外地出差過一段時間，結果小偉出現嚴重的焦慮情緒。他每天都給媽媽打電話，並威脅說她再不回來，他就要自殺。

在媽媽出差期間，小偉要爸爸做他喜歡吃的菜。爸爸因為工作忙，就給他錢讓他自己到外面吃。結果小偉大發脾氣，媽媽出差回來後，他就威脅媽媽和爸爸離婚。

「病」由家生

難道小偉生下來就不愛自己的爸爸嗎？當然不是，那麼根源在哪裡？是他媽媽的極度關愛、過分溺愛、無限縱容而滋長了孩子的自私，使孩子心中只有自己，沒有別人。

每一位父母都愛自己的孩子，卻未必懂得怎麼愛孩子。很多父母認為，如今條件好多了，又只有一個孩子，無論如何也不能讓孩子吃苦受累。正是在這種想法引導下，孩子在成長的過程中得到了父母全面的保護，千般呵護，萬般溺愛，真可謂是「捧在手裡怕掉了，含在嘴裡怕化了」，捨不得讓孩子受半點委屈，捨不得讓孩子受一點挫折。

做父母的大都知道溺愛孩子有害，但卻分不清什麼是溺愛，更不了解自己有沒有溺愛孩子。「溺」，詞典上解釋為「淹沒」的意思。人被水淹死了叫「溺斃」，如果父母的愛流橫溢氾濫起來，那也會「淹死」孩子。這就是溺愛，這是一種失去理智，直接摧殘孩子身心健康的愛。

有一句古語，叫「慣子如殺子」。這句話是永恆不變的真理。過分地關心溺愛，會讓孩子從小就只會享受，不知奉獻；心中只有自己，沒有他人；情感世界中只關注自己，不知體會別人。如果父母不早點意識到這一點，他們最終將會發現，他們的孩子也是他們的地獄。」

過分地溺愛孩子，實際上也是剝奪了孩子遭受適當挫折、困難和學習愛護別人的權利。西方有這樣一種說法：「有十分幸福童年的人常有不幸的成年。」很少遭受挫折的孩子，長大後會因不適應激烈競爭和複雜多變的社會而深感痛苦。

指點迷津

父母對孩子溺愛、遷就，無限度地滿足其欲望，是使孩子養成自私自利心理的重要原因。父母老是把孩子放在中心的位置，孩子自然就習慣自己是中心了。父母總像伺候皇帝一樣伺候他，時間久了，他自然就找到「當皇帝的感覺」了。

要想讓溺愛型父母有所改變，其實沒那麼容易，我們能提醒父母的就是「不要感情用事」，不能無條件地滿足孩子的需求。要試著「狠」下心，一旦孩子提出不合理的要求，我們要堅決給予拒絕，不可心軟。並對其不當行為進行責罰，讓孩子和父母都養成「獎懲分明」的習慣。

父母不要過分照顧孩子，要盡量和孩子平起平坐，比如我們自己餓了，孩子那裡有吃的，說一聲後，拿過來吃就是了，用不著向孩子「請示」，經過孩子的同意。父母要給孩子做出「維護權益」的榜樣，向孩子證明「我也有吃東西的權利，不僅只你有」，這樣才是平等。

父母不要什麼事情都自己做，應適當分配給孩子一些力所能及的事情，讓孩子從勞動中獲得快樂，體會父母的艱辛。比如，父母可以在打掃屋子時，讓孩子與自己一起做事，掃掃地，擦擦桌椅，倒倒垃圾等。

父母要和孩子一起建立家庭公約，全家人都要遵守。比如誠實守時，尊敬長輩，承擔應有的家務責任等等。孩子在家中就會學會尊重他人，尊重共同的規則。這樣，就可以增強孩子對社會環境的適應能力，面對規則的約束不會有太大的心理負擔。

對孩子過分溺愛，根本就不是愛，而是一種軟暴力。讓孩子暫時受點苦，這不是錯，而是一種智慧，一種讓孩子能夠儘早獨立的智慧。

二・滿足孩子的需求要有「規範」

一盞心燈

如果孩子提出欲望，得到滿足；再提出欲望，再得到滿足。如此循環往復，孩子的欲望就會變得越來越無止境。

教子現場

芳芳滿七歲了，馬上就要告別幼稚園的生活，進入小學讀書了。

芳芳在幼稚園裡，是一個性格內向、不愛講話的「乖乖女」。她對老師和其他小朋友的要求，總是百分百地接受，儘管有時候她心裡並不樂意。但一回到家裡，芳芳就像變了個人似的，對爸爸媽媽、爺爺奶奶非常無理。一家人吃飯時，芳芳就把喜歡吃的菜放在自己面前，從不管他人；如果她覺得對某件事不滿意或者自己的要求得不到滿足時，就會亂摔東西，大聲喊叫。

再過幾天，就要開始新的校園生活了，芳芳不僅要家人幫她買新衣服、新文具用品，甚至還要將她房間裡的傢俱全部換掉。因為她覺得這些傢俱使用的時間太長了，已經不好看了，如果不全部換新的，就會影響她的學業。

爸爸、媽媽覺得芳芳的要求太過分，就沒有同意，結果芳芳大鬧了一場。最後，還是由爺爺、奶奶出面，把芳芳房間裡的傢俱都換成了新的，這才作罷。

「病」由家生

孩子在未成年之前，他們知道自己的生活是需要依賴父母的，認為父母滿足自己的需求是理所當然的。面對沒有成年的孩子，無論是在物質方面還是精神方面，父母都有責任和義務來滿足他們的成長需求。只是很多父母並不清楚，在孩子提出的要求中，什麼是該滿足的、什麼是可以商量的、什麼是該拒絕的。

有些父母總覺得自己小時候家庭條件不好，吃過很多苦，現在家庭條件改善了，生活水準提高了，而且家中就這麼一個獨生子女，應該給予孩子更多的愛。於是，只要經濟條件允許，父母就會毫不吝嗇盡自己最大的努力，滿足孩子提出的要求；甚至當孩子提出過分的要求時，也會千方百計地去滿足。

現在很多家庭都是以孩子中心，從飲食搭配、作息時間到娛樂時間，無一不是按照孩子的時間和需要來定的。經濟上，除了家庭的一般開支，剩下的就是為了孩子的花費。有相當一部分父母寧可自己受委屈也要給孩子買最好的生活用品。這樣，就在不知不覺中使孩子養成了不考慮價格、不考慮父母能否承擔、要買就買的習慣。這就是物質上過分滿足、過度縱容的結果。

父母寵愛孩子是人之常情，但卻不能沒有分寸。**如果父母一味地滿足孩子的要求，就會使孩子產生驕傲、蠻橫、任性的性格，對孩子的成長是非常不利的。**如果孩子提出欲望，得到滿足；再提出欲望，再得到滿足。如此循環往復，孩子的欲望就會變得越來越無止境。

有一句老話：如果你想毀掉一個孩子，那麼你就總讓他心想事成。因此，為了孩子的健康成長，需要的時候，父母別忘了「心硬點」，愛孩子要有規範。

指點迷津

欲望是人類與生俱來的東西，每一個人都有欲望，人類所具有的生存和發展的欲望都是合理的。但是，人的欲望不能無限制地膨脹，否則，害人又害己。所以，我們應該引導孩子學會克制自己的欲望。

有一次，媽媽帶晨晨去買衣服，出發前，媽媽先跟晨晨說好了，上衣只能買八百元以下的，褲子只能買五百元以下的。兩人來到商場以後，望著那些掛得整整齊齊，而且非常漂亮的衣服，晨晨先是興奮了一陣子，但看到衣服上的標價後，臉色暗淡了下來，嘴也噘了起來，因為按照先前媽媽規定的價錢，只能買她不太喜歡的衣服。

發現這個情況後，媽媽想了想，然後告訴晨晨說，媽媽還不能買太高級的衣服給她。因為她還小，正處在長高的時期，如果買太貴的衣服，明年不能穿了就太可惜了。經過媽媽的一番解釋，最後晨晨高高興興地挑了一件七百元的上衣和一條四百五十元的褲子。

適當地拒絕孩子很重要，要讓孩子知道，不是他想要什麼就能得到什麼。對於孩子的「生存必需」，我們有責任和義務給予提供，但對於孩子超過「生存必需」的額外要求，甚至是為了比較而提出的要求，我們要理直氣壯地對孩子說「不」。

有些父母不忍心看著孩子哭鬧，只要孩子一哭鬧就無條件地滿足他的要求。比如孩子到了商場吵著要買昂貴的鞋子，媽媽說：「這鞋子太貴了，不行。」於是孩子就坐在地上大哭起來，媽媽立刻心軟了，對孩子說：「好好好，別哭了，我買給你。」一場哭鬧立刻停止了，孩子的欲望得到了滿足。同時，孩子也明白了一個道理：哭鬧是有用的。所以，當孩子提出很過分的要求時，父母不要心疼孩子的哭鬧。

在拒絕孩子要求的過程中，不要輕易用粗暴、簡單化的方式拒絕孩子，這樣會使孩子的心理受到創傷，使孩子對父母、對家庭產生不安全和無所適從的感覺。在拒絕孩子的要求時，一定要把拒絕的理由坦率、認真地告訴他，使孩子最大程度地理解父母的做法，而且還要讓孩子明白，不是父母不願意滿足他的需求，而是他的要求過分了，很多時候，人的要求是不可能全部被滿足的。

父母和家中的長輩在對待孩子的問題上意見要保持一致。很多家庭都會出現父母和長輩對孩子教育的意見不統一，這就要求我們要隨時與長輩溝通，在理解長輩疼愛孫子的基礎上，說明白拒絕孩子過分要求的好處，使長輩盡可能地協助我們教育好孩子。

身為父母，我們一定要牢記：不要無原則滿足孩子的需求，應該讓孩子在等待中、在酸甜苦辣中成長。只有經過多種環境鍛鍊的孩子，長大以後才會有出色的表現，才會成為社會上最棒的人。

三．不要因孩子小而沒了規矩

一盞心燈

「沒有規矩，不成方圓。」如果從小不給孩子訂立一定的規矩，對其嬌慣溺愛，百依百順，我們就會失去身為父母應有的威信，使孩子變得任性、不聽話。

教子現場

豪豪今年八歲了，如果問豪豪的爸爸媽媽，他們最後悔的事情是什麼，他們肯定會說，沒有及時為豪豪訂立規矩。

一直以來，豪豪的爸爸和媽媽都提醒自己，要珍惜孩子自由成長的機會，不能給孩子太多的約束。對於為孩子訂立規矩這件事，他們一直認為，孩子長大了自然就懂了。

但事實並不是這樣。現在的豪豪已經八歲了，爸爸媽媽想提高對豪豪的要求，這時他們才發現，豪豪已經養成了很多的壞習慣。

「病」由家生

生活中，我們經常能聽到一些父母抱怨自己的孩子很難管。小傢伙一會兒像天使，溫柔、聽話；一會兒又像暴君，自私、任性。其實，孩子的問題，並不單純就是孩子自身的問題。很多時候，父母的行為方式、性格特點、情感及家庭中的其他因素，都有可能成為孩子「問題」的根源。

該不該為孩子訂規矩呢？訂了，怕限制孩子的個性發展；不訂，孩子又太過頑劣。有一句老話：「沒有規矩，不成方圓。」這句話自有它的道理。人類的行為都是有章可循，有規可依的。如果從小不為孩子訂立一定的規矩，對其嬌慣溺愛，百依百順，我們就會失去身為父母應有的威信，使孩子變得任性、不聽話。

當然，太小的孩子，理解能力和行為控制力都還不夠，我們講的規矩，他不一定懂，也做不到；大一點的孩子，壞習慣已經養成了，則很難糾正。

那什麼時候為你的孩子樹立規矩呢？從孩子的成長規律和心理特性來看，兩歲以後，孩子開始發展自己獨立自主的能力，也初步具備了行為判斷能力；另一方面，孩子開始有了自我意識，他開始發現「什麼是我要做的」，「什麼是爸爸媽媽要我做的」，這個時候行為的自主意識更強烈。因此，**從2歲開始，就需要為孩子訂立一些明確而又切實可行的規矩**。

也許，會有很多人把為孩子立規矩與「嚴厲、斥責、權威」這樣的負面資訊相關聯。其實，如果父母能真正了解了孩子的心理需求，並借助一些智慧的技巧，一般都能在平和的氣氛中實現規矩教育。

指點迷津

孩子缺乏判斷能力，需要父母告訴他什麼可以做，什麼不能做，以此來確定行為界限。那麼如何為孩子訂規矩呢？訂立規矩後又該如何做呢？

4 制定規矩要符合孩子的發展 規律

父母要了解孩子的一些行為習慣，訂立適合孩子年齡特點和性格特點的規矩。對於一個兩到三歲的孩子來說，只能為他提出一些最簡單的、數量有限的規則。比如，吃東西之前要先洗手，媽媽做家事時自己安靜地去玩。隨著孩子長大，他們的行為能力會發生變化，我們為他訂立的規矩也要隨之作出調整。

5 制定的規矩應盡可能具體，簡單明瞭

為孩子訂立規矩，一定要簡單易懂，讓孩子容易遵守。例如，玩具要輕拿輕放，不亂扔，玩好後要自己收拾整理好，並放回原處。孩子的理解能力不深，自我控制能力也不強，如果訂立的規矩太過複雜艱難，非但不能夠讓他遵守，反而會讓他不知所措。

6 與孩子一起制定規矩

為了讓孩子自覺遵守，父母應與孩子一起制定各種規矩，這是尊重孩子的表現，也能使孩子充分地了解父母的想法，孩子做起來就更主動，也更能符合父母的要求。

7 任何時間都要遵守規矩

訂下的規矩，無論時間地點場合，都要遵守，比如在家不許隨地吐痰，在外面也不許。而不是今天這個樣子，明天那個樣子，在家一套，外面一套。當然，在孩子的要求下，偶爾「放寬政策」，比如，以零食代替正餐、中午看一場電視、晚睡一個小時……也不是不行的。我們要相信孩子，一般來說，偶爾的一次「放縱」是不會養成什麼壞習慣的。

8 父母要以身作則

規矩不僅僅是為孩子訂定的，父母也要嚴格遵守，以身作則。比如，要求孩子吃飯的時候專心一點、速度快一點，我們自己則不要一邊吃飯一邊看電視；要求孩子不能多吃零食，我們自己也要抵擋垃圾食品的誘惑；要求孩子懂禮貌，父母自己就要對所有的人使用禮貌用語。

聽起來，「規矩」這個詞是冷冰冰的，無法與父愛、母愛相關聯。可是，規矩和愛對於孩子的成長過程來說，應該是相伴而行的。孩子始終要走入社會，我們一定要在合理的範圍內設定規矩，讓孩子在成長中習得「規範、界限」，畢竟，我們是生活在一個有規矩的世界中。

四・不做孩子的提款機

一盞心燈

如果總是傾其所有滿足孩子的需要，習慣於當孩子的提款機，會使孩子養成錯誤的金錢觀，認為有錢能使鬼推磨，不知道應認真學好知識，不懂得自己應負的責任。

教子現場

彤彤的爸爸是一位銀行的經理，彤彤大學畢業以後，進入到另一家銀行工作。

不過，彤彤雖然已經上班，但她的吃住依然還是靠爸爸媽媽供給，薪水都拿來買了名牌服飾和出國旅遊。

有一天，彤彤的爸爸無意中看到女兒信用卡的帳單，發現她竟然欠了銀行二十萬元！於是，他狠狠地訓了彤彤一頓後，並幫彤彤還了信用卡。他以為女兒經此教訓，以後應該會省著點花錢！

誰知不到幾天，彤彤又拿來四張卡費總額達六十多萬元的信用卡帳單要他還！彤彤的爸爸頓時被氣得渾身發抖。大罵彤彤：「妳這個敗家女，妳以為爸爸媽媽的錢是天上掉下來的嗎？怎麼都不知道節儉呢！」

誰知彤彤卻翻著白眼向爸爸說：「誰叫你們從小就培養我要用好吃好的習慣啊？只好繼續養下去了！」

聽到女兒的這句話，爸爸一下子跌坐在椅子上。

「病」由家生

隨著人民生活水準的提高，許多家庭日益富裕起來，為了孩子能夠吃好、穿好，許多父母不惜傾其所有滿足孩子的需要，習慣於當孩子的提款機，孩子要什麼就給什麼。而且還定期給他們零用錢，隨著年齡的增長，零用錢也隨之增加。有的甚至到了讓人瞠目結舌的地步。

之所以會出現這種情況，一是現在的家庭多是獨生子女，父母過分溺愛；二是現在生活水準提高了，家庭經濟狀況比以前好。當然，父母的過分溺愛是主要原因。很多父母認為，孩子小，應該讓他們吃好、穿好，在物質上不能苦了孩子。須不知，**過分滿足孩子的物質需求，做孩子沒有限制的「提款機」，只會害了孩子。**

很多孩子因為身上有了錢，見到喜歡吃的便毫不節制地買，這樣會養成吃零食的習慣。而且，因為有錢，對很多東西就不懂得珍惜。比如，把不喜歡吃的食物往垃圾桶一扔，水龍頭開了就不關，或者大白天也開著燈。如果有人管，他們會滿不在乎地說：「反正我付得起錢。」

習慣於當孩子的提款機，還會使孩子養成錯誤的金錢觀，認為有錢能使鬼推磨。把父母的叮囑、老師的教誨當成耳邊風，只懂得吃喝玩樂。忘卻了將來有奉養父母，貢獻社會的責任。更為嚴重的是，還有可能會導致某些孩子走上犯罪的道路。所謂「由儉入奢易，由奢入儉難。」誰也不能保證永遠都富有，如果已經養成奢侈的習慣，將如何面對貧窮呢？有的可能會因此鋌而走險。

美國石油大王洛克斐勒，他應該是最有資格在物質上「寵孩子」的，但是，這位大富翁對孩子卻非常吝嗇！

對於七到八歲的孩子，每週給三十美分的零用錢；十一到十二歲的孩子，每週給一美元的零用錢；十二歲以上，每週三美元。

他還要求孩子們對零用錢做出預算，並記清楚每一筆支出的用途。在孩子下次領零用錢時，他會檢查孩子們的支出紀錄，若帳目清楚、用途正當，則會增加五美分，否則就減少五美分。

可以說，洛克斐勒的財富，孩子們幾輩子都花不完，但他卻從來都不讓孩子養成亂花費的習慣，我們有什麼資格去寵孩子呢？身為父母，沒有人不愛自己的孩子，也沒人不願給孩子付出。但是，父母應該給孩子什麼，這是一個值得深思的問題，一味地給錢顯然是錯誤的。

指點迷津

要想不做孩子的提款機，父母應該怎麼做呢？

我們不要按照孩子們需求的多少給他們錢，而是每個星期給孩子們一定數量的錢，滿足他們一定的消費需求。這些錢可以滿足他們的基本需求和一些他們想要的東西，但是不足以讓他們想買什麼就買什麼。一旦把錢給了他們，我們就要完全退出來，不必再去管他們的消費。如果孩子在規定時間結束之前就花光了他們的錢，再開口向我們要錢時，我們一定要堅持住，否則，他們總是會認為他們可以要到更多。

我們要跟孩子約法三章，確定什麼花費需要孩子來支付，什麼花費由我們來付。比如學費、基本的服裝費和學校活動費，甚至包括上學的公車費等，由我們付。而玩遊戲機、外出吃飯，以及與同學一起出去玩等費用由孩子自己出。

有些父母認為把工作和報酬連結起來是一個好辦法，比如，把零用錢與家務事連結起來。這其實並不是一個好辦法，這樣會破壞理財的目的。我們要把家務事看作是他們的必修課，因為他們是這個家庭的一部分，而不是去雇傭他們。

我們一定要記住：金錢不等於愛。我們不要讓孩子感受到我們愛他的方式就是用金錢滿足他的需要！我們應該與孩子多溝通，多交流，用心呵護孩子，要讓孩子了解沒有錢也可以擁有一些美好的滿足。這樣，孩子就不會為金錢所束縛、成為它的奴隸！

五・你的好脾氣會讓孩子更任性

一盞心燈

任性是一種不良的性格，除了孩子自身的問題外，多半是由於父母的好脾氣造成的。比如父母平時過分溺愛孩子，對孩子遷就、放縱、姑息、縱容、百依百順。

教子現場

強強是一個非常任性的孩子，他平時在家裡想要什麼東西，不管客觀是不是允許，非要得到不可；他要是不想做什麼，誰說他也不聽。

同時，強強也是一個聰明的孩子，他在幼兒園裡是一個有名的小畫家。他畫的畫曾參加幾次兒童畫展，而且還曾獲獎。因此，有人來參觀幼稚園時，看他畫畫也就成了一個精彩的節目。

有一次，老師把紙和畫筆都準備好了，參觀的人也來了，就等他作畫。而任性的他卻鬧脾氣，就是不想畫，老師勸他也沒有用。最後，沒有辦法，只得把他媽媽找來。媽媽說了很多好話，他還是不肯。媽媽只得懇求道：「乖孩子，聽媽媽的話，就畫這一次，好不好？媽就求你畫這一次！」

最後，在媽媽的一再懇求下，這個任性的孩子才勉強答應了。但是，媽媽卻從此欠下了兒子一筆債，使他以後要求媽媽做事有了本錢，給孩子以後的教育留下不可磨滅的陰影。

「病」由家生

我們常常會聽到許多父母說：「我的孩子太任性，氣死我了。」還有的父母說：「現在的孩子一個比一個任性，真不知道該怎麼辦才好。」任性，也就是通常所說的固執己見、一意孤行。故事中的那個小畫家強強就是一個十分任性的孩子。

任性的孩子做什麼都是由著自己的性子來，想說什麼就說什麼，想做什麼就做什麼，想怎麼做就怎麼做，任何人都阻攔不了。如果事情不順心，就會大吵大鬧、亂發脾氣。想獲得什麼東西，不管客觀條件是否允許，非得到不可，越是勸阻，他們就越堅持。

任性，雖然算不上什麼大的缺點、錯誤，但身為父母，也不能過於輕視。如果我們任由孩子任性，那麼就會影響他們的人際交往。因為任性的孩子，做事時往往隨心所欲，很難做到關心、謙讓、同情他人，所以很難與同伴們友好合作、分享、協商。任性的孩子，通常會借助不停地哭鬧、在地上打滾、亂扔東西等行為來表達他們的情緒。如果這些消極行為經常發生，就會強化他們的不良個人特質。

有一個漂亮的女孩子，她出生在一個富裕的家庭。因為是獨生女，所以她在家裡備受寵愛，從小到大一直受到父母的溺愛。平時她想要什麼就可以得到什麼，父母從沒在她面前說過「不」字。這也使得她從小就任性、孤僻，在同齡人中幾乎沒有朋友。這些並沒有引起家長的注意。就這個孩子上高中的時候，竟然與班上的一位同學加入了幫派，因而走向墮落。她的父母怎麼也不會想到自己的孩子會變得這樣。

任性是一種不良的性格，除了孩子自身的問題外，多半是由於父母的好脾氣造成的。比如父母平時過分溺愛孩子，對孩子遷就、放縱、姑息、縱容、百依百順，孩子想要什麼就給什麼，想做什麼就做什麼。這樣的教養方式必然會造成孩子任性的性格。

偉大的思想家培根說過一句意味深長的話：「**你知道用什麼方法一定可以使你的孩子成為不幸的人嗎？這個方法就是百依百順。**」因此，對於孩子的任性，父母一定要及早糾正，否則孩子以後在社會上必然處處碰壁。

指點迷津

身為父母，應該如何糾正孩子的任性行為呢？關鍵在於父母的教育方法是否科學合理，正確的方法是：

1 了解孩子任性的原因

父母要仔細地了解孩子任性的原因，心平氣和地解釋不能任性的道理。比如，孩子一再要求父母買名牌運動鞋給他，父母沒有答應，他就以不去上學相威脅。經過了解，原來他的幾個要好的同學都買了名牌運動鞋，如果自己不買，會很沒面子。這時，我們應告訴孩子，學生並不需要都穿這種運動服，自己家裡經濟條件有限，還不適合買這麼昂貴的運動鞋，而且同學之間不應該比吃穿，以此來說服孩子。

2 採用冷處理的方法

當孩子由於要求沒有得到滿足而發脾氣或打滾耍賴時，父母不能心軟。要橫下心來，堅持自己的原則，不去理睬他。孩子本是鬧給大人看的，沒人理他，也就沒有意思了。當孩子鬧夠了，父母要向孩子講清楚道理，分析他剛才的行為錯在何處，指明錯的原因，讓他認識到正確的應是怎樣的，孩子明辨是非後，有助於改變任性行為。

3 轉移孩子的注意力

這種方法適用於年齡較小的孩子，如果孩子不聽話，不要與之僵持，可以轉移他們的注意力。孩子的興趣和注意力極不穩定，易被新鮮的東西吸引。所以，當孩子任性時，可用其他事情轉移過去，然後再積極引導，這比消極制止效果要好得多。如當孩子哭鬧著要玩某種玩具時，我們可以請他看一看繪本，或做其他能吸引孩子的事情，以此來安定他的情緒。

4

給孩子制定規則

父母平時對孩子的行為要制定一些簡單、明確的規則。如待人接物的禮貌要求，作息時間的安排等。規則一旦制定，就要堅決執行，要使孩子明白自己的行為並不是隨心所欲的，而應該受到一定的約束。比如孩子上街總是哭鬧著讓父母抱，可在出去之前跟孩子說好：「今天上街不要爸爸媽媽抱，自己走，如果真的累了，就休息一會兒再走，不然就不帶你出去玩了。」這樣，孩子就能慢慢養成服從一定行為準則的好習慣。

5

不能打罵孩子

孩子任性耍賴時，常會惹得父母生氣，特別是當著很多人的面，覺得很沒面子。於是有的父母便大聲訓斥、恐嚇，甚至打罵孩子，想強迫孩子聽話，孩子往往也不示弱，結果打罵起來。其實，孩子任性時與之發脾氣，企圖用暴力強制其服從，不僅糾正不了孩子的任性，反而會使孩子進一步用任性的行為來與父母抗爭，因而使他們更任性。

6

父母教育孩子的觀點要一致

在孩子任性時，父母應統一要求，甚至跟爺爺奶奶之間的意見也要一致。如果一個嚴，一個寵，那麼孩子的任性會越演越烈，很難得到改正。比如，當孩子任性時，爸爸動手打孩子，媽媽忙著護孩子，爺爺奶奶出來拉孩子，甚至相互埋怨、指責、爭吵，這會更加助長孩子的任性。

孩子的任性不是一天兩天形成的，克服起來並不是那麼容易。因此，父母要有耐心，應循序漸進地進行，不能企圖一下子就讓孩子將長時間養成的惡習改正過來。

六・摔倒了，讓他自己爬起來

一盞心燈

當孩子面臨小小的困難或考驗時，馬上就把孩子置於「保護傘」下，長此以往，孩子就會失去勇於面對困難的勇氣，一旦離開父母和家庭，就變得膽小脆弱起來。

教子現場

有一天，六歲的天天正和小朋友們一起玩老鷹捉小雞的遊戲。他們的父母就站在不遠處，一邊看著孩子們玩耍，一邊談論著教育孩子的方法。

天天跑著跑著，不小心腳下碰到一個小石子，摔倒在地上。摔倒之後，天天並沒有哭叫，而是想爬起來再和大家一起玩。

沒想到，不遠處的媽媽卻急匆匆地跑了過來，十分心疼地抱起天天，又是揉手，又是摸腳，嘴裡還反覆詢問天天摔傷了沒有。天天這才感覺到身上是有點痛，於是放聲大哭起來。

其他小朋友看見天天哭了起來，於是都跑開了。剛才孩子玩耍大人觀看的溫馨畫面頓時消失了。

「病」由家生

在日常生活中，我們會經常看到，當孩子們摔倒時，父母趕緊跑過去把孩子扶起來，幫孩子拍著身上的灰塵，安慰孩子不要哭；有的甚至還朝著絆倒孩子的地出氣，說「地板真壞，看我們怎麼打它」，以此來安撫孩子……

著名文學家朱自清說：「**要讓孩子在正路上闖，不能老讓他們像小雞似的在老母雞的翅膀底下，那是一輩子沒出息的。**」其實，孩子摔倒沒什麼可怕，怕的是父母用錯了處理方式。孩子摔倒，馬上跑過去扶，如此教育方法很容易使得孩子變得脆弱、變得膽小。就像故事中的天天，正是因為媽媽的過度關心和保護，讓他本來可以勇敢面對的事情卻以大哭一場而結束。

孩子摔倒後，有時候並沒有哭，但父母卻趕緊過去問：「寶貝，摔傷了沒有？不要哭！」實際上孩子本來沒事，在父母的勸說下，反而會委屈地哭起來。「初生之犢不怕虎」，孩子很小的時候是不知道害怕的，但是很多父母對孩子過分關注，擔心孩子受委屈、受傷害，當孩子面臨小小的困難或考驗時，馬上就把孩子置於「保護傘」下。長此以往，孩子就會失去勇於面對困難的勇氣，一旦離開父母和家庭，就變得膽小脆弱起來。

有一位幼教專家曾到德國考察學前教育，她來到德國某幼稚園，看到十多個小孩子正在做小遊戲，突然，領頭的孩子不小心摔倒了，接著，後面的孩子也接二連三倒在了地上。這位幼教專家發現，德國的幼稚園老師並沒有去扶摔倒的孩子們，這些孩子也沒有因此哭鬧或向老師求助，而是都很自覺地自己站了起來，繼續玩遊戲。

東方的育兒觀念是溺愛化的，而西方的是理性化的。孩子摔倒後，臺灣父母就想過去扶他一把。而國外很多父母卻認為，如果孩子沒事，就讓他自己爬起來。德國著名作家茨威格（Stefan Zweig）說過：「世界上最光輝、最宏偉的事業就是使個人站立起來！」因此，孩子摔倒了，我們應該鎮定地坐著，讓孩子自己站起來！

指點迷津

因為每個人的路都需要自己來走，我們做父母的不可能陪伴他一輩子。當孩子摔倒時，只要他有能力自己爬起來就不要輕易去幫助他，而應該鼓勵他自己站起來，並且為他的勇敢而叫好。

孩子因為還小，走路時跌跌撞撞在所難免，但我們始終要堅持一個原則，在孩子沒有受到人身傷害的前提下，即使再心疼，也要抑制住上前去幫助他的衝動，更不要問這兒看那兒，將心疼溢於言表。而是應該用信任的眼神看著孩子，並鼓勵他勇敢地自己站起來；當孩子自己站起來後，若發現他確實有點小傷，比如磨破了點皮，我們應繼續鼓勵他：「這點小傷不要緊，等會幫你擦點藥，你就又可以去玩了。」

如果孩子不小心摔倒哭泣時，我們可以轉移孩子的注意力：比如用動聽的音樂、色彩鮮豔的玩具、大自然的花草樹木等等，這些都可以分散孩子的注意力，讓他們破涕為笑。等孩子的情緒轉好時，我們再告訴他們摔倒或撞到的原因是什麼，下次應如何避免。

孩子的膽小、懦弱多半是由於父母的教育方法不當而引起的。當有一天，我們的孩子能夠自己摔倒後不哭不鬧不求助大人站起來！那麼，我們的「培養孩子自理能力」和「抗挫折能力」教育就算是取得初步成效了！

第三章

把他的責任還給他——讓孩子對自己的行為負責

美國心理專家丹尼斯．韋特利（Denis E. Waitley）說過：「如果想讓孩子成為一個合格的人才，你必須使他（她）從小就有責任感，在個人發展空間和個人責任之間達到平衡。」責任感是什麼？它是一個人立足社會、獲得事業成功至關重要的人格特質，也是決定一個孩子能否健康發展的核心特質之一。因此，父母要從小在孩子心中播下責任的種子，讓它發芽、成長。

一・把他的責任還給他

一盞心燈

孩子缺乏責任感，主要原因是父母的事事包辦和過分保護，沒有給孩子擔負責任的機會，沒有讓他去承擔不負責任的後果。

教子現場

星星已經上六年級了，但他卻還像小孩子一樣，什麼事情都要父母再三叮囑，否則就不會主動去做。

每天早上，他總是在媽媽的多次喊叫下，才會慢吞吞地起床。吃早飯時，如果媽媽不催促就吃得很慢，以至於上學遲到。書本、鉛筆盒也是經常忘在家裡，還要麻煩爸爸媽媽幫忙送到學校。對於爸爸媽媽或老師交代過的事情，沒有一點責任心，不是推說忘了做，就是虎頭蛇尾，草草收工。每次責備他，他也都會承認自己不對，但事情過去以後，還是依然故我。對此，弄得爸爸媽媽一點辦法也沒有。

班主任為了建立星星的責任心，便讓星星擔任小組的組長，負責小組人員的紀律管理和值日時的衛生。誰知，做了不到一個星期，星星就遭到小組全體組員的「彈劾」。

原來，組裡有一位很調皮的男生，他總是喜歡抓前排女生的辮子。星星雖然看見了，卻也不去管，氣得那位女生大哭起來。還有就是，星星值日那天，竟然忘記安排分工任務。結果，連黑板都沒有擦。因此，小組的成員一致認為，星星沒有盡到當組長的責任，應該重新挑選一位小組長。

星星看到同學們這樣責備自己，急得眼淚都要掉下來了，委屈地說：「我真的不知道要怎麼做啊！」

「病」由家生

我們在現實生活中經常可以看到像星星的這樣情況。很多父母總是抱怨孩子依賴心理太強，應變能力及處事能力太弱，無法替自己分擔事情，甚至連自己的日常生活，如起床、上學、做功課等，都要自己催促督導，否則就會偷懶、拖延。

事實上，這都是孩子缺乏責任感的表現。為什麼我的孩子會缺乏責任感呢？這主要原因是因為父母的事事包辦和過分保護，沒有給孩子承擔責任的機會，沒有讓孩子去承擔不負責任的後果，一味地寵愛、嬌慣孩子。結果使孩子習慣做什麼事都讓父母替自己做決定，缺乏自己負責的意識。可以說，**孩子缺乏責任感，父母應負有首要的責任**。

孩子沒有責任感，往往會以自我為中心，我行我素，對別人的感受不聞不問，做事不認真負責，虎頭蛇尾，得過且過，生活中高傲自大、不懂禮貌等等，甚至還會引發厭學、厭世等不良心態。

責任感是一個人立足社會、獲得事業成功至關重要的人格特質，也是決定一個孩子能否健康發展的核心特質之一。

日本是一個很有責任感的民族。在日本的任何一所學校，如果有孩子在校園裡看到地上有垃圾而沒有及時撿起來，面對老師的詢問，如果這個孩子辯解說：「這不是我扔的」，或者說「我沒有看到」而替自己開脫「清白」的話，將會受到更加嚴厲的懲罰，因為校方認為：垃圾在你附近，你就有責任將它撿起來。正確的做法是：趕快將它撿起來，並道歉說：「對不起，這是我的責任。」

在美國，小孩子們都保持著一項優良的傳統習慣：他們只要到了具有簡單工作能力的年齡，便會主動地尋找打零工的機會，如幫人除草、送報紙、剷除積雪等。

在一個大雪紛飛的早晨，一個孩子按了一對老夫婦家門口的門鈴。老太太開門後，看見一個不到十歲的小男孩站在門口。

「你好，」小男孩很有禮貌地對老太太說，「我能幫你們鏟雪嗎？」

「小朋友，你起得真早，可我從來沒有見過你啊。」老太太說。

小男孩回答道：「我們家剛搬到這個地方，我不知道其他小朋友的作息時間，這麼早過來，沒有打擾你們吧？」

老太太親切地說道：「沒有，孩子，我們早就起來了。那好吧，我們的車道鏟雪工作，就決定交給你這位小紳士了！」

說完，老太太便帶著小男孩去鏟雪的地方，一邊走還一邊稱讚：「你小小年紀，就這麼勤快，將來長大以後一定很有成就。你有沒有想過，你賺錢以後怎麼辦呢？是存起來？還是買糖果吃？」

沒想到，小男孩卻興奮地答道：「我不買糖果吃，我爸媽都還在念大學，我打工賺的錢，先贊助他們交學費！等我以後長大了，他們答應我，也會幫助我讀到大學畢業。」

我們不可否認，這個讓人心動的孩子，其責任心和價值觀的培養必定與其父母的教子理念有關。美國心理專家丹尼斯．韋特利說過：「如果想讓孩子成為一個合格的人才，你必須使他（她）從小就有責任感，在個人發展空間和個人責任之間達到平衡。」責任感對於一個人來說是極其重要的，也是必須要面對的。因此，父母要從小在孩子心中播下責任的種子，讓它發芽、成長。

指點迷津

著名教育家茨格拉夫人說：「**必須教育孩子懂得他們不同的一舉一動能產生不同的後果，那麼隨著時間的推移，孩子們一定會學得很有責任感的。**」那麼，身為父母，我們應如何培養孩子的責任感呢？

首先，讓孩子學會對自己的事情負責。對於家中的事情，要明確哪些由爸爸、媽媽來做，哪些由爸爸、媽媽幫助孩子做，哪些則必須自己做。對應當自己做的事必須給孩子一個明確的範圍，比如自己整理自己的房間，自己完成作業。如果孩子遇到了困難，我們只需在語言上進行引導就夠了，不要因為心疼而包辦代替。孩子只有學會了對自己的事情負責，才能逐步地發展為對家庭、對他人、對社會負責。

其次，孩子犯錯以後，要鼓勵孩子敢作敢當，勇於承擔後果。比如，孩子跟著父母去朋友家做客，不小心弄壞了東西。這時應該讓孩子知道，是因為自己的過失，才造成了這種後果，應當給予賠償。然後帶著孩子一起買東西去朋友家道歉。再比如，把洗菜的任務交給孩子後，如果他沒有做好，便不能吃所有的菜。這樣，孩子才知道一個人是要對自己的行為負責的。

另外，要鼓勵孩子有始有終。很多孩子做事總是虎頭蛇尾，甚至有頭無尾。所以，我們在交給孩子一件事情後，哪怕是一件很小的事情，也要有檢查、督促及評價過程，以培養他持之以恆、認真負責的好習慣。

責任感是一個人安身立命的基礎，當孩子具有了某些能力時，就要讓他對相應的事情負責。身為父母，不必事事搶在孩子前面，不必把他們照顧得無微不至。我們可以明白地告訴孩子他們應負的責任，把責任的接力棒傳到孩子的手中。

二・捨得讓孩子「自食其果」

一盞心燈

很多事情在孩子的世界裡是沒有道理的，我們只有讓他自己去體驗，他才會印象深刻，下一次才不會再犯同樣的錯誤。

教子現場

小慧是一個非常漂亮的小女孩，今年六歲了，非常愛美，每次出去都要自己挑衣服。

一個週末，媽媽要帶她去公園玩，正好小慧剛看到電視裡的小女孩穿的裙子非常好看，於是她也非要穿裙子不可。但那天天氣很冷，是不適合穿裙子的。媽媽耐心地勸說了半天，小慧卻怎麼也聽不進去，僵持不下，媽媽只好給她穿了裙子。

起初，小慧還不覺得什麼，過了沒一會兒，她就嚷嚷：「媽媽，我好冷。」「那怎麼辦呢？」「媽媽，我要回家換衣服。」媽媽看小慧的嘴都凍紫了，便趕緊帶著她回家了。

從那以後，小慧知道了冷的滋味，再也不亂穿衣服了。

「病」由家生

小女孩愛美不是錯，但在天氣很冷的時候穿裙子就不合適了。孩子對溫度還沒有過多經驗，不知道什麼天氣穿什麼，如果父母總是把自己的經驗直接告訴孩子，沒有自己的體驗，孩子當然不知道什麼是冷，不如就讓孩子試試，體驗一下冷的感覺。這種方法也叫做「自食其果法」。也就是說，**在適當的時候讓孩子承擔自己錯誤行為的後果，在「品嘗」後果中吸取經驗和教訓**。

孩子從小到大會不斷犯這樣那樣的錯誤，他們在錯誤中成長，因而不斷地完善自我。對待孩子的錯誤，有時候我們並不用對他們大吼大叫，也不用苦口婆心地和他們講道理。只要讓他們嘗嘗自釀的苦酒，可能會更有利。

比如說，當我們要他準時交作業，他卻當作耳邊風時；當我們認為他應該更加積極，他卻不聽從我們的建議時；當我們跟他苦口婆心，他卻拒絕我們的幫助時……我們暫時不用管他，等到他因為沒有交作業，而被老師責罵後；等到他因為不積極，而失掉一次好的機會後；等到他因為拒絕我們的幫助，而事情搞砸後……他們便會意識到自己的錯誤，並會想方設法避免自己再犯同樣的錯誤。

夏天來了，各式各樣的冰淇淋上市了，果果每天都要吃一次冰淇淋。後來，因為嘴饞，她便要求媽媽每天吃兩次冰淇淋。媽媽告訴她冰品吃多了會不舒服，但她卻吵鬧不休。於是，媽媽便依著她每天吃兩次。

一個星期之後，她開始出現咳嗽、流鼻涕的症狀，還吐了兩次。她告訴媽媽自己很難受、不舒服。媽媽帶她去醫院，並在路上告訴她這是冰淇淋吃多了的後果。從那以後，果果主動約束自己，每天只吃一次。

「自食其果」是教育孩子不可缺少的營養素。如果孩子不聽從我們的勸告犯了錯誤，給他一個機會去體驗犯錯後帶來的後果，這比我們的訓斥與說教要管用得多。這樣，孩子長大以後才不會怨天尤人，才不會推卸責任，才能成為勇於負責、勇於擔責的人。

很多事情在孩子的世界裡是沒有道理的，我們只有讓他自己去體驗，他才會印象深刻，下一次才不會再犯同樣的錯誤。我們要學會等待合適的機會，讓孩子體驗自己的錯誤，讓孩子在體驗中長大。

指點迷津

在孩子犯錯時，許多父母總會不失時機地大加譴責、恐嚇。其實，犯錯，對於孩子來說是很好的學習機會。當然，對於父母而言，眼看著孩子犯錯，而造成尷尬或不快，讓他「自食其果」，實在是一件很難做到的事情。因為沒有哪個父母不愛自己孩子，而且我們對於事情的前因後果一目了然。要讓他們在明明知道後果的情況下，撤手不管，任由孩子去承擔不好的後果，對父母的確是一個考驗。

但是，為了讓孩子認識並改正自己的錯誤，我們必須說服自己，讓孩子「自食其果」，是教育孩子過程中必要的一環。比如，孩子總是不肯按時吃飯，如果一味由著孩子的性子，對孩子未必是好事。因此，當我們吃完飯以後，就馬上收拾好碗筷，當孩子餓了，過來向我們要飯吃時，不管孩子如何纏著、哭著，都不要理他，讓他體驗餓肚子的滋味，這樣他就能記住按時吃飯的重要性。當然，我們不能一直不給孩子吃飯，當孩子承認錯誤以後，就可以為他準備飯菜，只不過要告訴他這是最後一次。

我們還需要記住，當「後果」到來之時，我們切莫冷嘲熱諷或說一些幸災樂禍的話，應該要循循善誘向孩子講明道理。比如，孩子因為沒有按時完成作業，被老師責罵了，我們不能說「我早就警告過你」之類的話，我們應該溫和地跟他說：「被老師責罵不好受吧，現在我來幫你計劃一下如何按時完成作業，好不好？」

孩子有著聰穎的靈性，他們是好奇、有趣和可愛的，但又是自私、喜歡反抗和破壞的。如果孩子的行為沒有對他人造成實質性的危害，那麼，我們不妨順其自然，給予他們足夠的尊重和自我價值感。這樣，孩子早晚會知道什麼是好的，什麼是不好的；什麼是該做的，什麼是不該做的。

三・一直受袒護的孩子是長不大的

一盞心燈

如果孩子錯了，父母不但不責備，反而成為孩子的擋箭牌。這樣會蒙住孩子辨別是非的眼睛，仗著父母撐腰，孩子會對自己的行為無所顧忌，因為他認為，自己做了什麼事父母都會為他擺平。

教子現場

軍軍今年六歲了，非常的調皮。有一天，他拿著一支針筒注水玩，忽然發現鄰居家的瓦斯爐上正熬著一鍋粥，於是他拿起針筒就往粥裡注水。結果正好被鄰居撞見，鄰居便提醒孩子的父母以後要看好孩子。沒想到，孩子的媽媽卻說別人都說孩子很乖。這讓鄰居很是尷尬，無奈之下，只好怪自己沒看好粥。

碰到這樣的父母真是讓人哭笑不得，鄰居其實並不是要孩子的父母道歉，只是讓他們意識到孩子的做法是不對的。萬一針筒裡有殘留的藥物，而孩子不知道，注射到別人家的粥裡，別人吃了這個粥會出大事的。

看來鄰居的好心，孩子的父母並不買帳，因為他們認為自己的孩子是沒有錯的。

「病」由家生

軍軍的父母對孩子太溺愛了，長期這樣下去只會害了孩子。在生活中，很多父母都跟軍軍的父母一樣，總是偏袒自己的孩子，只指責別人的錯誤。比如，自己的孩子在其他小朋友面前稱霸，動不動就伸出小拳頭，招惹同儕，欺負同學，父母不但不責罵，反而認為孩子在外比別人強，就不會受人欺負。

在家庭教育中，有一句名言叫「善意的教育從來都不是袒護」。袒護越到位，對於孩子的健康成長傷害就越深。孩子犯小錯誤是難免的，但是父母一定要讓孩子明白他的做法是不對的，會造成什麼樣的後果，否則，下次還會犯同樣的錯誤。**一直受到袒護的**

孩子是長不大的。

孩子由於涉世未深，閱歷淺薄，知識貧乏，對自己的行為是缺乏意識，不辨優劣的。父母的態度和評價，在孩子心中會形成一種是非標準。如果孩子錯了，父母不但不責罵，反而成為孩子的擋箭牌。這樣會蒙住孩子辨別是非的眼睛，仗著父母撐腰，孩子會對自己的行為無所顧忌，因為他認為，自己做了什麼事父母都會為他擺平。孩子一旦有了這種想法就太可怕了，今天用針筒在別人家粥裡注水，明天會做出比這更可怕的事。

古時候，有一個小偷被抓住了，由於其罪行累累，最後被押赴刑場。臨刑前，他要求行刑的人讓自己跟媽媽說幾句話，結果媽媽湊過耳朵去聽的時候，被五花大綁的他突然咬下了媽媽的耳朵。然後，他咬著對媽媽說：「若不是你從小就慣著我，我就不會有今天。」

原來，他還小的時候，就經常從朋友那裡偷點吃的和玩的，然後拿回來給媽媽看，媽媽不僅沒有責備他，反而還大加表揚。後來，他就開始偷鄰居的雞蛋，還有田裡的菜……偷回來後，媽媽會豎起大拇指誇兒子能幹，然後就做給兒子吃。慢慢地，經常受媽媽鼓勵的兒子就覺得拿別人的東西很好，最後愈演愈烈，終於被送刑場……

父母對於孩子的不良行為，絕不能姑息遷就。否則，孩提時代形成的是非觀念，會影響他的一生，不良的特質和習慣一旦養成，到後來是難以彌補和糾正的。

指點迷津

孩子犯錯並不可怕，可怕的是父母不僅不正確引導，反而還給予袒護。每個孩子都是父母的心肝寶貝，應該給予愛，但要做到愛之有度，不要溺愛。在對待孩子的問題上，要多動腦筋，多思考，這才是對孩子真正的愛。

面對孩子所犯的錯誤，父母必須要以理性的態度去面對。一方面我們要體諒孩子，因為孩子小，必然會犯錯誤。另一方面，我們要及時制止孩子的錯誤行為，為孩子講道理，找到孩子身上的錯誤和不足，讓孩子明白自己錯了，錯在哪兒，如何改正。並告訴他，沒有人會喜歡做壞事的孩子，做壞事的孩子是不受歡迎的，叔叔阿姨還有小朋友都喜歡懂事的孩子。

美國有一位十一歲的小男孩，他在踢足球時，不小心把鄰居家的玻璃踢碎了，結果要賠給人家十二點五美元。他父親知道這件事之後，告訴他自己闖的禍自己負責。他為難地跟父親說：「但我沒錢賠給人家。」父親說：「這個錢我先借給你，一年以後再還給我。」

從此，這個小男孩每逢休息日，便外出辛勤打工，經過半年的努力，他終於賺夠了十二點五美元，並還給了父親。這個小男孩就是美國前總統雷根。後來，他在回憶這件事時說：「透過自己工作來承擔過失，使我懂得了什麼叫責任。」

孩子因為年紀小，他不知道有些事情是該做還是不該做，出現錯誤是難免的，重要的是父母在這個時候的態度。父母要教育孩子從小對自己的錯誤行為負責，不要替孩子承擔一切，更不要袒護他的錯誤行為。即使孩子很小，我們也必須讓孩子懂得如何去承擔自己的過失。

四・孩子能做的就讓他自己做

一盞心燈

如果一個孩子過於依賴父母，養成了習慣，對於遲早必需的獨立將是極為有害的。

教子現場

在國內任何一所小學的校門前，下午放學以後，我們都可以看到這樣一幕：

許多家長，有的是爸爸媽媽，有的是爺爺奶奶，只要見到自己的孩子一出來，他們的第一個動作，就是把孩子肩上的書包接過來。於是，孩子們無包一身輕，悠閒地一邊走著，一邊玩耍著。而那些接孩子的，有的是年輕的父母，也有的是上了年紀的長輩，他們替活蹦亂跳的孫子背著沉重的書包，在後面步履蹣跚地跟著，氣喘吁吁。

「病」由家生

上面這種景象可以說是現代社會的一大「特色」，尤其是在都市，這種情況更為常見。

「孩子上了一天課，也很累了，替他背一下書包，是想讓他輕鬆一下。」

「書包那麼重，孩子受傷怎麼辦？」

……

這就是家長們替孩子拎書包的理由。事實上，孩子的書本根本就不會很重，孩子完全有能力自己背著。

還有，現在的孩子，條件好了，玩具很多。而許多孩子，只知道玩，從不知道收拾，玩膩了，隨手一扔，不管了。收拾殘局，不是爺爺奶奶的事，就是爸爸媽媽的事。這樣的例子不勝枚舉。

自己的事情自己做，學會生活自理，是對孩子的一項基本要求。但是，由於父母的嬌慣、溺愛，現在多數孩子自理能力很差。小學生上學、放學不敢一個人走，必須要父母接送，大學生還不會洗衣服。有的孩子甚至結了婚，有了孩子，諸事還要靠父母。孩子從出生到將來長大成人、成家立業，是一個從依賴到獨立的過程。如果一個孩子過於依賴父母，養成了習慣，對於遲早必需的獨立是極為有害的。

父母疼愛孩子，要有理智的愛，不可偏愛，更不能溺愛。父母的包辦代替是造成孩子性格軟弱、無法獨立的重要原因之一，會從無形中剝奪孩子自我表現、鍛鍊自己的機會。嬌生慣養的生活難以培養出勇敢堅強、富有責任心的孩子，早一天讓孩子學會吃苦、學會堅強，就能早一天讓他們有膽量獨立地走向生活。

日本的孩子在很小的時候，父母就給他們灌輸一種思想：「不給別人添麻煩。」在日常生活中，也十分注意培養孩子的自理能力和自強精神。全家人外出旅行時，不論孩子多麼小，自己都要背一個小背包。父母認為「這是他們自己的東西，應該自己來背」。進入學校以後，許多學生都會在課餘時間在外打工賺錢。大學生中半工半讀的更是普遍，在餐廳當服務生、在商店當銷售員等等，就連有錢人家的孩子也不例外。

在韓國，父母都崇尚的「獅子育兒法」，這看起來似乎對孩子有點殘酷：在孩子身陷逆境時，父母都是袖手旁觀，不會施以援手，而是讓他自己想辦法解決。其實，這樣做的目的就是教育孩子，在遇到困難時，一切都要靠自己。這是很明智的教子法，是值得我們父母借鑑的。

著名教育家陳鶴琴先生曾提出：「**凡兒童自己能夠做的，應該讓他自己做；凡兒童自己能夠想的，應該讓他自己想。**」因此，要培養孩子成為強者，父母首先要鼓勵孩子做一些力所能及的事情。若是孩子實在太小，有些事做不了，我們代勞一下情有可原。但是，他力所能及的時候，我們應該教他如何做好自己的事。

指點迷津

要培養孩子自立、自強，首先就必須讓孩子從小養成動手做事的良好習慣。凡是孩子自己能做的事情，我們要盡量讓孩子學著去做，如飯前擦擦桌子，準備碗筷、擺放椅子，飯後一樣一樣收拾、洗刷；還可讓孩子參與挑菜、挑蔥、剝蒜等家務事；爸爸媽媽下班回家後，可以叫孩子倒杯水喝……

當孩子遇到困難時，我們不要一味包辦，要先讓孩子自己想辦法解決。如果孩子確實沒有能力解決，也不要直接幫助孩子做好，只要給他解決問題的方法就可以了。比如，當孩子不會拉拉鍊、扣釦子時，我們不要幫他直接拉上，而應給他提供一些能幫他學會拉拉鍊的動作。雖然我們替他們扣釦子、拉拉鍊會使這些事更快做完，但若給孩子時間來練習與掌握這些技能，則可增強他們的能力和習慣。

孩子剛開始動手時，可以會顯得笨手笨腳，甚至反而把事情弄糟，這個時候我們千萬不要喝斥孩子，而應該耐心地把動作解釋清楚並做示範，讓孩子看得懂聽得清，然後再讓他練習。孩子大都膽子小，做事前可能會有顧慮——怕把事搞砸了。這時，我們要及時地給孩子樹立堅定的信心，打消孩子的顧慮。這樣，孩子以後就會大膽地做事了。

兒童文學家吉姆．法裡說：「人應該有探索，有追求。這些都要從培養獨立性和主動性做起。」想讓孩子獨立自主，就千萬不要把孩子當成弱者來看待。父母過於能幹，培養出的孩子未必能幹。愛孩子當然沒錯，可是愛有很多種方式，為什麼偏要選這種有害無益的呢？

讓孩子獨立和愛孩子並不矛盾，不要捨不得放手，不要一廂情願地為孩子心疼。愛他，才更要他學會自食其力。其實，孩子並不像我們想像得那樣脆弱！

五・教孩子做事要有始有終

一盞心燈

做事不能有頭有尾的孩子，往往心理很脆弱，意志力較差，情緒不穩，注意力也不太集中和長久，甚至會出現嚴重的自卑感，或馬馬虎虎，對人對事都抱一種不在乎的無所謂態度。

教子現場

小軍在電視上看到有小朋友在彈電子琴，聲音很好聽，於是他也纏著媽媽說，自己要學電子琴。媽媽拗不過他，就給他報了名。結果剛學了兩個月，小軍就對電子琴失去了興趣，說什麼也不想學了，最後學琴的事就這樣半途而廢了。

後來，小軍又說要早上堅持跑步，為了讓自己能夠堅持下去，他還請媽媽監督。第一天早上，他六點準時起床，不到六點半就出發了。但不到三天，他就不想早起了。

小軍跟媽媽說：「今天早上休息一下，就休息一天，明天接著跑，可以嗎？」「不行，這是一個習慣問題，做什麼事都要堅持到底。」媽媽斬釘截鐵地說。於是，小軍又下定決心，一定要堅持下去。可是不到一個星期，他又開始賴床了，最後跑步的事又不了了之。媽媽也拿他沒辦法。

「病」由家生

在生活中，我們經常會看到像小軍一樣的孩子，做一件事情不是虎頭蛇尾，就是半途而廢，總之是不能有始有終。

比如說，很多孩子給自己制定了一個讀書計畫，剛開始幾天，還能完全按照計畫讀書，但慢慢地就鬆懈下來了，最後甚至完全拋開了原定的讀書計畫。上課聽講時，前二十分鐘很認真，後二十分鐘就堅持不下去了；寫作文時，前幾段文字書寫工整，到後面就漸漸變得凌亂潦草，最後成了他自己都可能不認識的「天書」；原本打算每天早上讀四十分鐘的英語，剛開始有新鮮感還能堅持，過一段時間也就放棄了。

調查顯示，大多孩子不管是在課業上，還是其他事情上，都有半途而廢的不良習性。尤其是在課業上，半途而廢對讀書效果影響極為嚴重，同時，更不利於孩子健康、規範、嚴謹的讀書風氣的形成。對此，我們父母不能以孩子小為藉口，就視而不見或遷就放任。

一般來講，做事不能有始有終的孩子，往往心理很脆弱，意志力較差，情緒不穩，注意力也不太集中和長久。時間一長，孩子會養成一個馬馬虎虎、不認真的壞習慣，養成一種對人對事都抱不在乎的無所謂態度。

孩子之所以會養成做事虎頭蛇尾、有始無終的習慣，其實與父母有很大的關係。有些父母自己在做一些事情的時候，經常會有不善始善終的情況，這會影響到孩子的言行及作風習慣。有些父母對孩子要求不嚴，或者對孩子要求太高，孩子的實際能力無法達到，因此而出現虎頭蛇尾，或半途而廢的情況。

德國詩人席勒說過：「**只有毅力可以使你達到目的。**」不怕沒有能力，只怕沒有恆心。那種三天打魚兩天晒網的人，是什麼成績也做不出來的。牛頓也曾說：「**一個人如果做事沒有毅力，他是任何事情也做不成功的。**」

因此，每一位父母對孩子做事虎頭蛇尾、有始無終的壞習慣不能掉以輕心、視而不見或遷就放任，要引起足夠的重視。否則，孩子長大以後會什麼事都做不成。

指點迷津

做事有始無終的孩子有很多，要解決這個問題，須從以下幾個方面進行考慮：

1　父母首先是孩子的表率

俗話說：「上梁不正下梁歪。」如果想讓孩子從小養成做事有始有終的習慣，那麼「上梁必須正」，父母必須以身作則，無論處理什麼事情，都要認真、有始有終地完成，做孩子的表率。如果父母懶懶散散，生活懈怠，做事沒有信心，經常半途而廢，孩子也不會好到哪裡去。

2

按照孩子的實際能力安排事情

許多孩子做事之所以半途而廢，有一個很重要的因素，是父母安排的事情太難，目標太高，孩子即使用盡全部力量都無法順利完成，這會對孩子的自信心造成極大的傷害。如果偶然一件事還不至於的話，那麼連續幾件這樣的事就很可能使孩子不再去想，不願去做，而喪失自信心。因此，父母給孩子安排事情時，要根據孩子的實際情況，讓孩子「跳一跳，就可摘到果實」。

3

父母要給予監督和引導

任何孩子都有惰性，在做事情的過程中，免不了偷懶而停下來，或者遇到解決不了的問題而沮喪頹廢，以至放棄。因此，孩子在做事的過程中，父母對孩子要進行監督，並適時給予指示引導，幫助他們克服惰性、克服軟弱、增強信心。這樣長期堅持下去，孩子的能力提升了，習慣養成了，做事也就不會是「三分鐘熱度」了。

4

堅持鼓勵為主

如果孩子做事中途退縮，不想再繼續做下去了，父母切忌嘮叨個沒完，也不要諷刺、挖苦。如對孩子說：「你看看，我就知道你堅持不了多久，每次做事都這樣虎頭蛇尾的！」、「算了吧，你沒有天分」……這樣做很容易使孩子產生反向心理，以致傷害其自尊心，使孩子對自己能否保持「持久性」失去信心。

父母應細心觀察孩子，對於他們產生的困難及時給予幫助，對於點滴進步及時予以鼓勵、表揚。比如說：「今天你看書堅持了很久時間，很不錯！」、「你彈琴彈了很長時間，還要堅持下去……」這樣做，可以使孩子產生愉悅感和自信心，因而使他們樹立堅持完成任務的決心。

孩子做事是否有頭有尾，有始有終，屬於意志特質問題。居禮夫人說：「人要有毅力，否則一事無成。」因此，父母必須從小抓緊毅力特質的培養。一點也不能放鬆。

六・不能承受的挫折——「甜蜜」教育下的「澀果」

一盞心燈

捨不得讓孩子受半點委屈，捨不得讓孩子受一點挫折。這會直接導致有的孩子因為一些小挫折就發生心理扭曲，甚至因此而蹺課、犯罪、自殺。

教子現場

某國中生，因為家裡的條件很好，平時生活太優越，所以養成了嬌慣懶惰的不良習慣。當時，正好有一個挫折教育夏令營活動，聲稱只要參加這個夏令營，就可以讓孩子的承受挫折能力得到前所未有的鍛鍊，因而變得勇敢堅強、獨立自主，使孩子終生受益。

聽到這樣的好消息，於是媽媽花錢為孩子報了名，讓他參加這次挫折教育夏令營活動，以改掉他那嬌慣懶惰的毛病。在送他去夏令營時，全家人像歡送親人遠征一樣，將孩子送上了征途。

意想不到的是，僅僅十多天的夏令營活動，這位國中生卻打了幾十次電話回家，每次打電話都說自己不堪忍受其苦。家人更是如坐針氈，有幾次甚至想接他回來。總算熬到夏令營活動結束，家人又像迎接凱旋歸來的戰士一樣將他迎回了家。

父母本來以為透過這次夏令營活動，可以讓孩子變得堅強一些，勤快一些。可是，這位國中生非但沒有「不再嬌慣、懶惰」，反而變本加厲。他還時常以參加過挫折教育夏令營活動為藉口，來要脅父母，提一些無理的要求；還動不動就發脾氣，像是立了大功回府的將軍。

「病」由家生

現在獨生子女越來越多，每一位父母都把孩子當成自己的寶貝，千般呵護，萬般寵溺，「捧在手裡怕掉了，含在嘴裡怕化了」，捨不得孩子受半點委屈，看不得孩子受一點挫折。一旦遭遇困難和障礙，父母馬上就會出來為他們排解。看起來，這是為孩子好，其實這恰恰害了孩子。這樣做的結果，會讓孩子經不起一點小挫折，否則，就會產生扭曲心理，甚至因此而蹺課、犯罪，甚至自殺。

曾看到過這樣一篇報導：某小學一位五年級的學生在上課時玩玩具，老師發現以後，責罵了他。當天，這位學生就從家裡拿了一千元，離家出走了，父母、老師為此都非常著急，到處尋找。幾天後，父母終於找到了他，並把他帶回家中。因為擔心他會再次出走，回家後父母沒有罵他，也沒有打他，可他還是趁父母不注意，當天就喝農藥自殺了。

當我們看到這樣一朵鮮花就此凋零，不能不令人心痛。但我們不禁要問，這名學生的心理承受能力、承受挫折能力怎麼會這樣差？

孩子遇到挫折並非壞事，但陷於挫折而不能自拔，勢必對孩子的身心健康造成消極影響，孩子可能會因此而喪失自信心、焦慮、自卑等。西方現在有這樣一種說法：「有十分幸福童年的人常有不幸的成年。」很少遭受挫折的孩子長大後，會因不適應激烈競爭和複雜多變的社會而深感痛苦。

挫折是一種珍貴的資源，也是一種人生的財富。挫折，能使孩子從中吸取經驗教訓，學會分析和處理問題，真正地「長大成人」。沒有經歷過挫折的人生，是不健全的人生。「不經歷風雨，怎能見彩虹」。因此，身為父母，與其為孩子擋風遮雨，不如讓他們從小經受暴風雨的洗禮。

指點迷津

孩子在成長過程中適當承受一些挫折是有益的，挫折能激勵孩子增強韌性和解決問題的勇氣和能力。那麼，身為父母，我們應如何對孩子進行挫折教育呢？

1　**正確引導孩子面對挫折**

孩子在遭遇挫折以後，要給予恰到好處的引導。因為孩子在遇到挫折時，常會產生消極心理和矛盾情緒，這時，父母應及時給予鼓勵和肯定性的評價，以增強孩子克服困難的勇氣。比如，孩子因為長得黑而受到別人的嘲笑，父母可以鼓勵孩子說：「皮膚黑更健康呀，我覺得你一樣很可愛。」還要讓孩子知道，生活中會常有不如意的事情發生，如果連一點小小的挫折都受不了，怎麼能面對以後漫漫人生中發生的更大挫折和坎坷呢！

2　**提供機會讓孩子經歷挫折**

父母在對孩子進行挫折教育時，要注意有意識地創造一些機會，讓孩子得到鍛鍊。比如：孩子會走路了，就多讓孩子自己走；故意延遲接孩子的時間，讓孩子學會等待；

讓孩子去暗的房間拿東西；有了錯誤就直言責罵；平時有意識地拒絕孩子的一些要求等等。

3

以身作則，潛移默化

在孩子的眼裡，父母就是超人，是無所不能的，父母的一言一行，會對孩子產生深刻而直接的影響。要使孩子有較強的承受挫折能力，父母自己要冷靜、客觀、積極地對待工作與生活中的困難與挫折，即使遇到了很大的麻煩，也要以坦然的態度來對待，不要在孩子面前表現出消極沮喪的樣子。父母遇到困難後表現出來的坦然，會給孩子很好的暗示，使孩子自然而然的學會怎樣坦然面對挫折。

拿破崙說過：「**輝煌的人生，並不在於長久不敗，而是在於不怕失敗。**」**有意識地讓孩子受點「苦和累」**，經歷一些挫折，正是愛孩子的表現，這能讓孩子懂得人生的道路是坎坷的，並學會從挫折中接受教育，因而增強他們的獨立意識和應對困難的心理承受能力。

第四章
小人物也要有大面子——保護孩子的自尊心

愛你的孩子，首先要給他尊嚴。很多父母認為孩子年齡還小，還沒有自尊心、羞恥感，這就大錯特錯了！其實，孩子在兩到三歲時，就已經有了自尊心，只不過他們的自尊表現形式不一樣而已。因此，在與孩子溝通時，我們一定要尊重孩子，與孩子進行平等交流，多想想他們的感受，千萬不要用父母的權威傷害孩子的自尊心。

一・學會向孩子道歉

一盞心燈

父母錯怪了孩子，如果因為放不下面子而堅持不承認錯誤，讓孩子蒙受冤屈，這不僅會給孩子帶來莫大的傷害，而且會讓孩子陷入迷茫之中，產生錯誤的觀念和想法。

教子現場

有一天，一位媽媽下班回家後，發現家裡的熱水瓶被打碎了。因為兒子平時很調皮、好動，媽媽就以為是兒子搗蛋時打碎的，於是把正在家裡做作業的兒子嚴厲地責罵了一頓。兒子顯得非常委屈，一直說不是他打碎的。媽媽卻以為是兒子怕承擔責任，不敢承認，就打了他一下。

晚上，爸爸下班回家以後，說熱水瓶是他不小心打碎的。這時，媽媽才意識到自己錯怪了孩子。但是，這位媽媽是一個很愛面子的人，她沒有勇氣在兒子面前承認錯誤。於是，她對兒子說：「熱水瓶雖然不是你打碎的，但是你平時太調皮，以後一定要注意。」

沒料到，兒子竟在很長一段時間裡都不願意跟媽媽說話。媽媽也知道是因為自己沒有向他道歉，而傷害了他的自尊心。但是，媽媽卻怎麼也放不下家長的權威，而且，也不知道該怎麼跟孩子談這件事。

「病」由家生

在現實生活中，我們常常可以看到，如果孩子犯了錯，一定要向父母認錯；而父母犯了錯，錯怪了孩子，卻很少向孩子說聲「對不起」。的確，在早期社會，一直以來就沒有長輩向晚輩道歉的傳統。一些父母甚至認為，向孩子道歉太丟面子，這會損害自己在孩子心中的權威。而且還心存幻想：「孩子那麼小，事情過去幾天，他一定會把這件事給忘了。」

這裡可要奉勸各位父母，最好不要把孩子當傻瓜。他也許一輩子都記得父母曾經怎樣錯怪了他，而且是那樣蠻不講理。在家庭教育中，如果父母從不向孩子承認自己的缺點、過失，這不僅會給孩子帶來莫大的傷害，而且會讓孩子陷入迷茫之中，產生「父母永遠正確而實際上老是出錯」的觀念。久而久之，對父母正確的教誨，孩子也會置之腦後。

孩子犯了錯，父母要求他說對不起，為什麼父母錯了，就不能向孩子說對不起呢？這對孩子來說太不公平了！其實，父母向孩子道歉並不是件丟臉的事。相反地，**父母能**

鄭重地向孩子認錯、道歉，孩子就會懂得承認錯誤並不是一件可恥的事，就會提升分辨是非的能力。比如，當父母做錯事時，如果能坦率地向孩子說一句：「都是我不好，下一次我會注意的，請你原諒我！」相信孩子在外面，也會採取同樣的態度來面對他人。

有一位父親，因為有一段時間工作壓力很大，常常累得筋疲力竭，情緒也暴躁易怒。有一天晚上，這位父親心情非常惡劣，對十歲的女兒一直沒好氣。這位父親也知道自己不太講理，但因為實在太累，也懶得去糾正態度。他幾次錯怪他女兒，使女兒覺得很委屈，上床睡覺時，這位父親對自己的行為深感懊悔，決定第二天早上起床後向女兒道歉。

晚上的覺睡得很香，又吃了一頓可口的早餐，父親的心情好了許多。就在女兒準備上學去時，父親走過去對女兒說：「爸爸不是一個完美無缺的人，和其他人一樣，也會因疲倦而脾氣暴躁。我知道昨晚對妳態度不好，因為我太煩躁，所以脾氣很壞，希望妳能原諒爸爸。」

聽完爸爸的道歉，女兒伸過手臂抱著爸爸說：「我知道您會向我道歉的，爸爸，沒關係，我原諒您。」

向孩子道歉，並不是什麼丟臉的事。在孩子面前，父母並不需要做一個十全十美的人。在孩子眼裡，勇於說「對不起」的父母是親近的，他只會更加信任和尊重父母，而不會看輕他們。反而是那些有了錯還拚命掩飾的父母，會令孩子覺得反感。因此，放下我們做家長的架子，做錯了，就誠懇地向孩子道個歉吧！

指點迷津

很多父母不願意向孩子認錯，一是礙於愛面子，二是想要維護自己所謂的尊嚴。殊不知，只有真誠地道歉才會贏得孩子無限的尊重。

當我們誤解或錯怪了自己的孩子，應該誠懇地向孩子道歉。我們可以說：「對不起，媽媽錯怪了你，媽媽向你道歉。」當我們錯誤的行為和言語讓孩子產生對事物的錯誤認識，並為此做了錯誤的事情。我們應該說：「孩子，是爸爸錯了，我們一起來改正好嗎？」其實孩子的心是非常寬容的，父母錯怪了他，或做了錯誤的事、說了錯誤的話，只要說一句「對不起」，他還是一樣敬重和愛著父母的。

向孩子道歉，態度一定要誠懇。對於任何一個錯誤，千萬不要漫不經心地說「對不起」。否則會讓孩子感覺我們的道歉不是出於真心，懷疑我們的誠意。其次，我們要明確又具體地告訴孩子我們錯在哪裡，為什麼要認錯。否則孩子會弄不清楚什麼是正確的，什麼是錯誤的，也不知道自己怎麼做合適。我們在道歉時要保持心平氣和，不要邊發脾氣邊道歉。情緒沮喪時的道歉會使孩子產生迷惑或恐懼的心理。

我們道歉以後，一定要落實在行動上。比如，我們當著孩子同學的面責備過他，在向他道歉以後，我們就不能再當同學的面責罵他，說了一定要做到。如果我們給孩子道歉很誠懇，但遇到同樣的問題時卻還是沒有改變，這樣會大大傷害孩子，甚至比不道歉還傷孩子的心。

父母希望孩子怎麼做，首先父母自己就得那麼做。以平等的態度向孩子道歉，這是愛孩子的一種表現，相信孩子也一定能體會得到。因此，如果我們覺察到自己錯了，那麼就請及時向孩子說聲「對不起」吧！

二・「蹲下來」和孩子平等交流

一盞心燈

父母以居高臨下的姿態來關心孩子，反而會使孩子產生反向心理。

教子現場

一位媽媽帶著六歲的女兒去參加朋友的宴會。熱鬧的場面，誘人的美食……媽媽興高采烈地和朋友們打著招呼，她以為女兒也會很開心。但女兒幾次都想哭，開始還忍著，多次之後，女兒終於坐到地上大哭，鞋子也甩掉了。

媽媽心裡很納悶：孩子最喜歡熱鬧了，為什麼會不高興了呢？媽媽左哄右哄都沒有效果，媽媽氣憤地把女兒從地上拖起來，並狠狠地訓斥了孩子。

訓斥之後，她蹲下來給孩子穿鞋子。在蹲下來的那一刻，媽媽無意中向四周看了看，頓時驚呆了：她發現眼前晃動著的全是屁股和大腿，孩子根本看不到大人們所見到的笑臉、美食和鮮花。她霎時明白孩子為什麼會這樣了。

「病」由家生

很多時候，大人想要洞悉孩子的內心世界，是需要和孩子保持在同一高度的。

但在現代的很多家庭裡，父母總是習慣站著和孩子說話，並且經常用命令的語氣，對孩子發號施令，以此來顯示自己居高臨下的地位。其實，這樣教育孩子，是極其錯誤的。孩子雖小，但也是獨立的人，也有他的人格和尊嚴。如果父母每次都趾高氣揚地和孩子談話，孩子哪能感受到平等？哪有自尊、自信可言？

美國精神病學家威廉．哥德法勃曾說過：「**教育孩子最重要的，是要把孩子當成與自己人格平等的人，給予他們無限的關愛。**」無數事實表明，父母以居高臨下的姿態來教育和關心孩子，反而會使孩子產生反向心理。孩子對這樣的父母表面上可能會表示出尊重，但是內心卻並不贊同，這對親子關係也會造成不利的影響。只有父母轉變姿態，像對待朋友那樣去關愛孩子，蹲下來跟孩子談話，孩子才會覺得父母是自己的朋友，才有可能讓孩子感受到平等。

一位著名的心理學家曾向眾多家長講述親子教育課時，讓家長們參加一次現場體驗活動。

心理學家請家長們兩人成立一個小組，一個扮演孩子，一個扮演家長，扮演小孩的蹲下去望著「家長」，扮演家長的開始指責教育你的孩子。

經過幾十秒鐘的醞釀，做家長的便開始高高在上地厲聲訓斥著「小孩」，做孩子的則忐忑不安地四處張望。隨後，再讓家長進行角色互換，以體驗不同的感覺。

最後，心理學家請家長們談談，如果自己是孩子，在這種場合下是什麼感受？家長紛紛發表自己的意見：「恐懼」、「害怕」、「氣憤」、「反抗」，各種負面的詞語接踵而來。

一位家長感慨道：「平時真沒注意到這種情況，只到今天自己當了一次『孩子』，才知道自己以前跟孩子談話時居高臨下是不對的。以後跟孩子談話時一定會蹲下來，與孩子處於平等的位置，這樣才會了解他的真實想法。」

蹲下來與孩子交流，不只是為了表示父母與孩子的「親密接觸」，更重要的是為了表示父母對孩子的尊重。蹲下身，不僅是位置和角度與他們一致，更是一種思考模式、觀念的「放低」。和孩子站在同一視平線上交談，可以使孩子沒有壓抑和恐懼感，又在無形之中讓孩子從小就意識到自己同父母一樣是平等的，有利於培養孩子自尊、自信的人格。

蹲下來與孩子交流，對孩子來說是一種極大的關心與理解，是孩子能夠接受的一種愛護；也是父母關心孩子內心世界的一種方式，營造出來的是一種民主、和諧、相互尊重的成人與孩子的關係。因此，父母應該順應這個時代的發展，真正跟孩子建立一種平等尊重的朋友關係，拉近彼此的「代溝」，因而更好地與孩子進行溝通和交流。

指點迷津

越是平等民主的家庭，教育出來的孩子就越開朗，越自信。如果父母都不尊重自己的孩子，又怎麼能指望孩子成為一個自尊、自愛的人呢？

如果我們總是站著面對孩子，我們與孩子的距離，就不僅是身高上的幾十公分，而是一代人與一代人之間的距離，是一顆心與一顆心之間不能溝通的距離。蹲下來，從與孩子平等的高度體會孩子的心情。當我們從孩子的高度看待某些問題時，我們的想法也許會改變，並同意孩子的想法，滿足他的需求。

當孩子做錯事情時，蹲下來詢問事情的來龍去脈，坦誠相對，幫助孩子認真對待自己的問題或缺點，改正錯誤。當孩子遇到困難時，蹲下來和孩子一起討論解決困難的方法。這樣孩子就能更清楚地感受到父母支持、信任的目光，因而增強面對困難的勇氣。當孩子獲取成功之時，蹲下來摸摸他的小臉，給他豎起大拇指，說句表揚的話：「寶貝，你真棒！」孩子會從父母的目光、話語中得到肯定與鼓勵，以後會做得更好。

父母和孩子交流時，不僅身體要蹲下來，心靈也應該蹲下來，將自己的心放到和孩子同一水準上。不能只講求形式，身體蹲下來，心理上卻還有父母的權威和優勢。只有身體和心靈同時蹲下來，孩子才會看到父母的誠意，樂意將自己的心情和困惑與父母交流。

「蹲下來和孩子說話」代表的不僅僅是一種態度，更是一份平等交流的誠意。只有這樣，父母對孩子的教育才會越來越容易，父母同孩子之間的緊張關係才會越來越改善，孩子才能有尊嚴、快樂健康地成長。

三．凡事記得和孩子商量

一盞心燈

如果父母喜歡與孩子協商，孩子就會非常樂意與父母交流，反之，孩子則會產生反向心理，封閉自我。

教子現場

當英子聽說自己要被送到姨媽家寄養半年時，大哭著質問爸爸媽媽：「你們為什麼不和我商量一下，問一下我願不願意？」

「大人決定的事，難道還要問妳同不同意？」爸爸聽了英子的話，生氣地說。

「是啊，英子，這件事也由不得妳，媽媽和爸爸今年下半年會很忙，可能沒時間照顧妳。」媽媽也在一旁說話了。

「但我也是這個家的人，你們為什麼決定這件事情之前，都不跟我說一聲呢？」英子還是覺得很委屈。

「行了，英子。這件事既然已經定了。以後再有其他的事，我們都先跟妳商量好嗎？」媽媽打圓場了。

看著父母的態度，英子也沒辦法，只好住進了姨媽家。

「病」由家生

不知道故事中的這位媽媽說話是否算數，是不是等到真有下次的時候，又把孩子放在一邊。兩代人的溝通，最重要的是相互理解、相互尊重，而實現相互理解、相互尊重的方法就是學會商量。身為父母，要時刻記得，孩子是家庭重要的一分子，在做事之前要多和孩子商量，聽聽孩子的意見。

卡爾・威特（Karl Witte）說過：「**尊重是相互的，要求孩子尊重父母，父母就首先要尊重孩子。**」但有的父母總習慣於把孩子放在被照顧的地位，家中的事情，特別是很大的事情很少和他們商量。因為他們總是認為孩子太小，什麼也不懂。這樣，就等於把孩子排除在生活之外了，不但會使孩子脫離社會，缺乏適應社會的能力，而且也會讓孩子做事情的時候不會考慮父母，這樣一來，孩子我行我素也就不足為怪了。

根據馬斯洛的需要層次理論，受尊重的需要是人類較高層次的需要。一旦這種需要無法獲得滿足，人就會產生沮喪、失落等負面情緒。孩子也是如此，他們也有受尊重的需要。因此，我們在教育孩子的過程中，有事和孩子商量，不但能增強孩子生活的責任感，還能讓孩子順利地從自然人過渡到社會人。

父母遇到事情與孩子共同商量，還可以培養孩子處理問題和解決問題的能力，增強孩子的自信。而且，現在的孩子思維活躍、理解力強、視野開闊，在許多事情上他們都可以充分地與父母經過「商量」解決問題，甚至能向父母提出良好的建議。

指點迷津

凡事都與孩子商量，既可以增加父母與孩子相互的理解，也可以避免一些無謂的爭吵。那麼，父母應該如何運用協商來促進親子關係呢？

1　孩子的事情一定要與孩子協商

凡涉及孩子的事情，父母都不要自作主張，要學會與孩子商量，取得孩子的同意和認同。比如為孩子買衣服、書籍、文具用品、報才藝班等，父母不能自以為是，剝奪孩子選擇的權利。即使父母與孩子的想法大相逕庭，父母也只能透過打比方、憑事實、講道理的方式和孩子商量，把自己的意見傳達給孩子，讓孩子權衡利弊後再作出選擇。

2　多建議，少命令

英國教育家史賓塞說過：「對孩子要少下命令，命令只有在其他方式不適用或失敗時才用。要像一個善良的立法者一樣，不會因為去壓迫人而高興，而因為用不著壓迫而高興。」父母要求孩子做任何事，都要注意用商量的口吻，而不要用命令的語氣。

比如，孩子正在看電視，我們想提醒他去做作業，我們可以這樣說：「你是不是先把作業做完了，再來看電視呢？這樣看電視的時候你就不用想著作業了。」而不要說：「趕緊做作業去！電視有什麼好看的！」或「還不去做作業？你這電視要看到什麼時候呀！」

如果我們想請孩子幫忙做一件事情，比如整理家裡，我們可以說：「你能幫我一起整理家裡嗎？」而不要說：「別玩了，快來幫我整理家裡！」或「趕緊整理，不要再玩了！」

美國著名的人際關係學大師卡內基說過：「用『建議』，而不下『命令』，不但能維持對方的自尊，而且能使他人樂於改正錯誤，並與你合作。」父母用商量的語氣，對孩子來說非常重要，孩子會認為我們尊重他，因而對我們產生好感和信任。

3 以商量的口吻處理親子衝突

當親子關係出現衝突時，父母要放下架子，把孩子當成平等的人來看待，用商量的口吻與孩子交流，讓孩子體驗到父母的尊重，體驗到人格的平等，這樣，孩子就能很順利地接受父母的意見，使衝突得到很好的解決。

4 和孩子約法三章

如果孩子有什麼問題，比如孩子有某種不良行為，父母一定要與孩子商量後制定規則，以約束他的行為。規則是說明孩子約束自己的，而不是懲罰孩子的，規則一定要孩子內心認可，父母千萬不可自作主張制定規則讓孩子遵守，這樣的規則對孩子來說，沒有什麼約束意義。

與孩子商量，不等於遷就孩子，凡是都聽孩子的，而是父母透過與孩子對話、溝通、相互了解，與孩子達成彼此都能接受的意見或辦法；商量，也不是父母發號施令，而是真正地把孩子當作一個大人，更當作一個孩子來對待。

四・認真回答孩子的每一個「為什麼」

一盞心燈

父母如果忽視孩子的提問，甚至嫌他們提問多、煩人而粗暴地訓斥他們，會使得孩子不敢再提問，對周圍一切都失去應有的好奇與熱情，這樣會挫傷孩子的探知欲，甚至使他們喪失進取心。

教子現場

一天晚上，成成的媽媽正在做飯，因為有客人要來，準備的菜很多，媽媽一個人忙得團團轉，無法照顧成成。於是就給了他一本圖畫書，讓他自己看。

成成只有六歲，對什麼都很好奇。隔一會兒就拿著書去問媽媽這是什麼，那是什麼，為什麼會這樣，為什麼是那樣。由於客人快要到了，媽媽心裡很著急，再加上手忙腳亂的，看著孩子問起來沒完沒了，忍不住動了氣，於是吼了成成一句：「哪裡來的那麼多為什麼！自己想！」

從那以後，成成再也不問媽媽問題了，話也少了很多。常常一個人待著，一個人玩。看到這種情況，媽媽開始覺得自己那天話說得有點過分了，心裡也開始後悔：要是當時自己對孩子多一點耐心，就可能不會變成這個樣子了。

「病」由家生

很多父母都跟成成的媽媽一樣，知道後悔時已經遲了。孩童時期是富於幻想的階段。為什麼天上會下雨？為什麼車輪要做成圓形？為什麼爸爸會長鬍子，媽媽卻沒有鬍子？為什麼河流都是彎彎曲曲的？他們常常向大人提出各種各樣的問題，有時甚至讓我們無法回答。

好問是孩子的天性，是孩子們力求認識新事物的一種積極表現。隨著孩子懂得的知識越來越多，接觸的事物也越來越多，孩子對於那些以前沒有見到過的事物會產生濃厚的興趣，總是想探索這個未知的世界。但是，孩子的認知能力有限，想要知道答案，就必須要透過「問」來得到大人的幫助。

但是，在現實生活中，許多父母卻往往忽視孩子的提問，甚至嫌他們提問多、煩人，而粗暴地訓斥他們，使得孩子不敢再提問，對周圍一切都失去應有的好奇與熱情。高爾基曾說過：「**對兒童的問題，如果只回答說：『等著吧，長大了就會懂。』這等於打消孩子的求知欲望**。」因此，身為父母，要耐心回答孩子的提問，千萬不要用責備的口氣，粗暴的態度制止他們，否則，會傷害孩子渴求知識的心靈。

伽利略是十七世紀偉大的物理學家和天文學家，他從小就很喜歡問問題，而他的父親每次都會很認真地對待兒子的提問。

五歲時，伽利略開始學繪畫，為了讓他掌握基本的繪畫技法，父親便找來許多幾何圖形的物體。伽利略看著這些物體問：「爸爸，這些幾何圖形到底有什麼用呢？」

父親一時沒弄清兒子在想什麼，於是問他：「伽利略，你為什麼要這樣問呢？」

「爸爸，我覺得很奇怪。我畫畫的時候，發現好多東西，如房子、馬車、書桌等等，好像都與幾何圖形有關。」

「有關？怎麼有關？」

「這些東西都是由各種幾何圖形組成的。但似乎又沒那麼簡單。我想來想去，也想不明白，除了這個，它們到底還有什麼複雜的關係呢？」

父親想了想，對伽利略說：「你的問題我回答不了。不過，你願意學數學嗎？也許你學了數學以後，就能明白這種複雜的關係了。」

「真的？」伽利略高聲叫道，「願意，我當然願意！」

從那以後，父親就開始教伽利略學習數學。

如果我們希望自己的孩子，對待生活的態度是認真積極、不斷進取的，那我們就應該認真對待孩子的一切，包括孩子提出的每一個問題。正如伽利略的父親一樣，無論是否有能力解答，態度最關鍵。在一個個「為什麼」得到正確解答的過程中，我們的孩子將擴大視野，增長知識，養成勇於探索、勤奮好學的優良特質。

法國文學家巴爾札克曾說：「**打開一切科學的鑰匙，都毫無異議的是問號，我們大部分的偉大發現應歸功於為什麼，而生活的智慧大概就在於凡事都問為什麼。**」瓦特從「為什麼水開了，蒸汽能把壺蓋也掀開」的思索中研製出了蒸汽機；牛頓從「為什麼蘋果會落到地上，而不是飛往空中」的思索中引發出「萬有引力定律」。因此，身為父母，我們一定要鼓勵孩子提問，並及時認真地回答孩子的每一個「為什麼」。

指點迷津

陶行知曾說過一句話：「小孩子得到言論自由，特別是問的自由，才能充分發揮他的創造力。」一切創造都是從提出問題開始的。孩子在提問的過程中不僅發展了思維，還挖掘了潛力。往往就是在相互交流中，在肯定與否定之間，在認識與再認識的循環往復中使孩子的思維得到訓練，能力達到提升。

那麼，身為父母，我們究竟該如何對待孩子的每一個提問呢？

1　要表現出積極的態度

其實，對於孩子的好問，剛開始時，父母是感到高興的。孩子這麼小就善於思考，當然是件好事。問題是，當這種發問變成經常性的、好似沒有終結的事情時，父母就沒有那個耐心去為孩子一個一個解答了。更何況，孩子的問題通常是千奇百怪的，有時根本無法向他解釋清楚。但是，為了孩子的健康成長，孩子一旦提問，父母無論如何都應表現出積極的態度給予支持。

如果實在是很累或者很忙，我們可以告訴孩子：「對不起，媽媽現在很忙，等一會兒，等媽媽忙完了再回答你的問題，好嗎？」當然，之後一定要告訴孩子答案。有時，孩子問的問題可能沒有實際意義，或者讓我們無法回答，甚至有的是荒唐的。但是身為父母，我們不要指責孩子的水準，要理解他們的幼稚。能夠當下作答的，一定要告訴孩子。難以回答的，可以和孩子討論，或者答應孩子弄清楚了再告訴他。總之，一定要有個交代。

2　問題答不上來，要如實告訴孩子

遇到回答不上的問題，我們千萬不要因為面子而迴避，也不要胡亂解釋或搪塞了事，而應該大大方方地對孩子說：「對不起，爸爸也不知道。」然後引導孩子和自己一起去尋找答案，或者參閱一些相關書籍，或者向別人請教。這樣做，可以讓孩子明白，個人的能力是有限的，父母也有不懂的時候。

總之，孩子一旦提問，父母都應表現出積極的態度給予支持，切忌在孩子興致勃勃向你提問時顯得漠不關心，或者隨便搪塞，更不宜「潑冷水」。否則，長此以往，孩子碰見問題就會開「溜」，養成對任何事情都畏難而退的不良心理。因此，為孩子的健康成長，父母們，從現在開始，請認真回答孩子的每一個「為什麼」吧！

五・不要給孩子開「空頭支票」

一盞心燈

一旦孩子發現父母對自己的承諾只不過是一種哄騙，就會大為疑惑和失望：父母都可以說話不算數，這個世界上還能相信誰呢？這種恐慌感會給孩子帶來巨大的心理危機。

教子現場

李女士的女兒做事很「粗心」，常常會因為一些「低級錯誤」而影響考試成績。為了激勵女兒在期末考試中好好發揮，李女士就對女兒說：「妳期末考試要是進前五名，媽媽暑假就帶妳去國外旅遊。」儘管心裡不是十分有把握有足夠的時間帶女兒出遊，但李女士還是做出了承諾。

為了能去國外旅遊，女兒在期末考試複習的那段時間裡非常努力，各方面都有了很大進步，粗心大意的毛病也改了不少。最後，女兒終於考進了班裡的前五名。

但是，李女士最終還是沒有騰出假期陪女兒出遊，承諾「泡了湯」。結果，這個沒有兌現的諾言讓女兒耿耿於懷，李女士也成了女兒口中的「空頭支票」大王。

「病」由家生

為了鼓勵孩子，許多父母常常採取許諾的方式：「兒子，要是課業成績能提高到九十分以上，媽媽就買一雙運動鞋給你。」、「只要你考上高中，爸爸就帶你去旅遊。」、「上了國立大學，家裡就買一臺筆記型電腦給你」……當孩子經過努力達到父母的要求，然後滿心歡喜期待父母履行承諾時，然而一些父母卻因為這樣那樣的原因，對當初許出的諾言無法「兌現」。

許諾是獎勵的一種方法，能對孩子產生激發幹勁、促進和教育的作用，可以讓孩子產生奮發向上的動力，促進其充分地完成任務。但是，如果父母只「許諾」，不「兌現」，總開「空頭支票」，那麼，將會對孩子的心理健康帶來很壞的影響。

在孩子眼中，父母就是天，就是地，打從心底崇拜和依賴，尤其是對於十歲以前的孩子，父母的每句話對孩子來說如同聖旨一般。一旦孩子發現父母對自己的承諾只不過是一種哄騙，就會大為疑惑和失望：父母都可以說話不算數，我們還能相信誰呢？這會給孩子帶來巨大的心理危機，久而久之，孩子就逐漸失去了對家長的信任。

父母是孩子的榜樣。孩子是好模仿、易暗示的，父母的行為對其影響十分重要。如果父母總是言行不一，不履行承諾，說話不算數，次數多了，孩子說話也會變得隨隨便便，有意無意地說謊話，養成表裡不一的壞習慣。

父母對孩子言而無信，最本質的原因就是父母把孩子當成了自己的附屬品，沒把他們當成一個獨立的人，因而也沒有把對孩子的承諾看成承諾，沒有理解父母與孩子之間的關係也是平等的關係。

對孩子言而有信是培養孩子誠實特質的一個首要條件。父母要求孩子誠實守信，自己首先就要做一個信守諾言之人。父母每一次都履行諾言，既能保護孩子的自尊心，也能維護身為家長在孩子心目中的威信，同時又能讓孩子學會誠實守信。

曾參是春秋末期有名的思想家，孔子門生中七十二賢之一。曾參不僅學識淵博，而且德行高尚。

有一天，曾參的妻子準備外出辦事，這時兒子也吵著要跟著去。因為出去辦事，帶著孩子不方便，妻子便哄兒子說：「乖兒子，你在家好好玩，等媽媽辦事回來後，將家裡的豬宰了煮肉給你吃。」兒子聽說有肉吃，非常高興，便高興地答應留在家裡。

本來這話是哄兒子說著玩的，所以曾參的妻子並沒有當一回事。不料，當妻子辦事回到家時，看到曾參正在磨刀，就問他磨刀做什麼。曾參說：「殺豬給兒子燉肉吃。」妻子聽了，非常生氣地對丈夫說：「我只是哄兒子說著玩的，你怎麼真要把豬給殺了呢？」

曾參看了看妻子說：「孩子是不能欺騙的！他現在還小，不懂事，缺乏辨別能力，父母教他什麼，孩子就學什麼。你現在哄他、騙他，等於是在潛移默化地教他學會欺騙。你現在欺騙了孩子，孩子以後還會相信你嗎？你今後還如何教育孩子呢？」

聽了曾參的話，妻子沒有再多說了，與曾參一起把家裡的豬殺了，給兒子做了香噴噴的燉肉吃。

父母是孩子學習模仿的對象。若父母言而無信，那孩子日後也就很難做到信守諾言。因此，**哪怕承諾的是一件很小的事情，父母也要認真去做**。沒有人會相信一個言而無信的人，孩子也是如此。不要認為他是孩子，就沒有必要對他遵守自己許下的諾言。

指點迷津

父母對孩子信守諾言，是愛和關懷的高度表現。為了防止因為父母無法實踐自己許下的諾言而出現家庭教育的失控，我們一定要注意，不能以工作忙為藉口不遵守諾言，一旦許諾，就應該言出必行，堅決執行，不能臨時反悔。

父母在許諾前也要慎重考慮：該不該對孩子許諾，許諾後能不能兌現，這個許諾對孩子有沒有益處等。尤其不要許下自己根本無法實踐的諾言，如「這次要考不好就別再回家了」，「你下次再撒謊我就打死你」等等，也不要隨隨便便就承諾「媽媽今天第一個來接你」等。

如果父母對孩子的承諾「縮水」，或者確實是因為意外無法對自己的某些承諾兌現時，一定要對孩子解釋原因，講清道理，直接向孩子道歉。比如說：「兒子，真對不起，因為公司臨時有急事，沒有及時趕回來為你過生日，請你原諒媽媽，好嗎？」

誠實守信，遵守諾言，是為人處世的基本原則。「誠信」是父母與孩子溝通的一本通行證。孩子也是一個獨立的人，儘管他只是小孩子，沒有足夠的力量反抗我們的「食言」，但是，孩子會以他自己的方式來做出反應。他會對我們以後說過的話、提出的要求、許下的諾言無動於衷，甚至嗤之以鼻！

六・請不要揭穿孩子的小祕密

一盞心燈

一旦自己的祕密被父母揭露，孩子穩定的心理就會變得紊亂。如果長期下去，可能還會使孩子患上憂鬱症，甚至出現性格扭曲。

教子現場

有一位十一歲的五年級女生說：「我父母經常偷看我的日記！其實，我跟他們說過很多次，日記屬於我的個人祕密，他們不能隨便侵犯我的隱私權。但他們卻總是說這麼做是為我著想！我就是不明白：既然是為我著想，就不應該偷看我的日記；為我著想，就應該給我隱私權。他們也不想一想，大人可以有自己的小祕密，我們孩子為什麼就不能有呢？如果總是偷看我的日記，那以後，我怎麼還可能在日記裡寫下自己的真心話呢！」

還有一位十五歲的國三男生說：「爸爸媽媽偷看我的日記，偷聽我的電話，是我最討厭的事情。我覺得他們看我就像看賊一樣！這樣下去，我和他們的隔閡會越來越大，甚至不願意和他們溝通了。」

「病」由家生

這兩個學生的心聲並不是個別現象，很多孩子在「隱私」問題上都深有同感。隨著年齡的增長，孩子的自我意識、自尊意識不斷增強，他們也開始渴望有獨立的、受社會和家庭尊重的人格。因此，他們也開始有了自己的一些「祕密」，保守這些小「祕密」，是孩子們心靈獨處和自我分享的一種方法，是不願意被別人知道的，包括自己的父母。

然而，很遺憾的是，很多父母以為自己有了解孩子、教育孩子、規訓孩子的權利。他們以對孩子「負責」、「關心」為由，想方設法翻看孩子的日記，偷聽孩子的談話，希望孩子的一切行為都在自己的掌控之中。有些父母甚至理直氣壯：「小孩子，有什麼隱私？他（她）是我生我養的，我對他（她）了若指掌，還想跟我保密什麼？」、「我是孩子的監護人，看看他的日記和信件算什麼？」殊不知，這些父母親的做法卻是孩子最反感的行為，也最容易對孩子的心靈造成傷害。

加拿大教育家馬克思・范・梅南（Max van Manen）說過：「**家長和老師引導孩子或學生走向成年的唯一恰當的途徑有時就是不要追根究柢地了解孩子內心在想些什麼，不去了解孩子們到底在做什麼，否則的話，孩子的個性就很難真正發展。**」誰都渴望自己的心靈受到保護，特別是裝在心裡的祕密。這些祕密可能包括與異性朋友交往、寫日記等。一旦這些祕密被父母揭露，孩子穩定的心理就會變得紊亂，會對父母產生激烈抵抗感。如果長期下去，可能還會使孩子患上憂鬱症，甚至出現性格扭曲。

祕密是孩子成長的養分。允許孩子有祕密，是幫助孩子邁向成熟的必經之路。因此，父母們請不要透過不良手段窺探孩子的隱私，沒有祕密的「透明人」是永遠長不大的。

指點迷津

父母偷看日記、偷聽電話等這些行為，其實都是對孩子關心不夠、缺乏信任的表現。

孩子有事瞞著大人，一般都有他的原因。有的孩子是因為性格內向或比較憂鬱，往往少言寡語。他保守「祕密」，往往並非是有意的，多半是與靦腆、羞怯、被動的個性有關。有的孩子為了維護其「自尊」，不願暴露缺點。如不讓父母看自己的作業或試卷，是不願接受大人的指責或嘲笑，這種行為是自我意識的另一種表現。有的孩子則是為了給父母一個驚喜而暫時保密。這類行為往往是從故事、兒歌或影視中模仿來的。

因此，對於孩子的隱私，父母不但要允許其存在，而且要充分加以尊重，這是尊重孩子人格的重要內容。雖然父母負有監護人的責任，需要了解孩子，但了解情況並不等於要掌握祕密。父母應該走近孩子，多與他們溝通，了解他們的內心世界，解決他們的煩惱，孩子也許主動就把祕密告訴我們了。

父母關心孩子的方式可以有很多，並不一定要以犧牲孩子的隱私為代價。孩子雖然小，但是也懂得自尊。對於某些不涉及道德原則的小祕密，父母不必追究，無須揭穿，允許孩子有自己的祕密。否則，孩子的心靈大門就會從此對我們緊閉。

七・暴力教育其實是「教育事故」

一盞心燈

粗暴地打罵孩子是一種極其錯誤的教育方法，它不僅會嚴重傷害孩子的自尊心，還會讓孩子變得膽小、懦弱、無主見，凡事都不敢去嘗試，凡事都要徵求大人的意見才敢去行動。

教子現場

勇勇是一位七歲的小男孩，念小學一年級。雖然他活潑、好動、合群，但每次在學校時卻十分想家。於是在某天上午，勇勇趁老師不注意，悄悄溜出學校回到家。在家門口，他高興地呼喊正要去上班的媽媽。卻沒想到，媽媽走上前就是一頓數落，罵他不應該隨便蹺課；隨即父親也從公司趕了回來，也把他狠罵一頓。

當時，他並不是很在乎自己被罵，而是一個人在家裡玩了起來。玩著玩著，一個不小心，把桌上的茶杯打碎了，母親走上前就在他的腦袋上拍了一掌。勇勇立刻躲閃到牆角邊，眼睛癡癡地望著媽媽。過了一會兒，突然哈哈大笑起來，大叫「坦克車來壓死我了，把我的骨頭壓扁了」等等。

當時，勇勇的異常舉動並沒有引起爸爸媽媽的注意。第二天，他開始時不時地發呆及哭笑無常，見人就躲。數日後，他見人就大喊「老虎來了，快走」，並馬上鑽進衣櫥躲了起來。見到勇勇這種異常的行為，父母只得送他去住院治療。

「病」由家生

孩子做錯了事，適當的懲罰，可以讓孩子認識到自己的錯誤，並且改正錯誤。但是，在現實生活中，很少有父母能做到對孩子懲罰的「量刑」適當。當孩子犯錯以後，不是大聲地斥罵、苛責，就是一頓棍棒教育。

卡爾·威特曾說過：「**孩子的成長離不開寬容和賞識，而嚴苛的責備會使天才夭折**。」

打罵一開始的確會讓暫時孩子馴服，可是長久下來，孩子並沒有變得好些，有的甚至更壞了。粗暴地打罵孩子是一種極其錯誤的教育方法，它不僅會嚴重傷害孩子的自尊心，加劇孩子不良行為的產生，而且還極易使孩子產生不良的性格特徵。

如果孩子經常挨父母的打罵，時間一久，孩子一見到父母就會感到害怕，不敢接近。在他人面前時，也會因為害怕自己說錯了或做錯了會招致父母的責罵，因而不敢說自己想說的，不敢做自己想做的。因此，不管父母要他做什麼，也不管父母的話是對是錯，他只知道乖乖服從。在這種不良的絕對服從的環境下成長的孩子，容易變得自卑、膽小、懦弱、無主見，凡事都不敢去嘗試，凡事都要徵求大人的意見才敢去行動。

有的父母一旦發現孩子做了錯事就打，孩子為了避免皮肉之苦，於是不得不千方百計掩飾自己的過失。為了蒙混過關，就編出各種謊話，而且越編越熟練，張口就來，這樣成為習慣，長大也就難以改變了。

孩子雖小，但一樣有做人的尊嚴。父母打他罵他，尤其是在同伴或外人面前挨打挨罵時，會使孩子的自尊心受到傷害，會使孩子懷疑自己的能力，會自感「低人一等」，認為老師和同學都看不起自己而抬不起頭來。一個在打罵中長大的孩子，他的自尊是殘缺的。

父母動不動就打罵孩子，還會使他們產生對立情緒，反向心理。於是，有的孩子就故意搗亂來表示反抗，你要他這樣做，他偏要那樣做，存心讓父母生氣。有的孩子是父母越打他，他越不認錯，強勁越大，常常用離家出走、蹺課來與父母對抗，變得越來越固執。

誠然，父母之所以會打罵孩子，目的都是為了說明他們認識自己的不對，或者是錯誤的言行，促使他們改正。可是，打罵是壓力教育，對孩子來說，其結果往往是壓而不服，更何況孩子的心靈是非常柔弱的，打罵只會使他們產生懼怕，引起自我防護的叛逆心理。所以，身為父母，不要將打罵作為教育孩子的手段，這樣做，不但不能喚起孩子們的良知，反而還會侮辱他們的人格，嚴重影響著孩子的身心健康。

指點迷津

著名教育家陳鶴琴認為，孩子幼小的心靈極易受到挫折，任何粗暴武斷的教育方式都是不合時宜的，只有用溫和的方式，才能走進孩子的心靈。孩子雖小，他也是人，也要面子，也需要人格尊嚴，不喜歡被打罵。要改正孩子的錯誤，應該讓其自己有所悔過，有改過自新的要求和願望。孩子不讀書、不願讀書，打罵雖為一種懲罰手段，但更需要啟發和激發起孩子讀書的欲望、要求和興趣。

喬治・華盛頓是美國的第一任總統，小時候的他是一個聰明好動的孩子，對任何事情都擁有強烈的好奇心。有一次，他為了試一試自己的小斧頭是否鋒利，竟然把父親心愛的一棵櫻桃樹給砍倒了。當父親看到這棵被砍倒的櫻桃樹時，非常生氣，厲聲問道：「這是誰做的好事？」

華盛頓看到父親發怒的樣子，心裡非常害怕，站在一邊緊張地盯著父親。過了一會兒，他鼓起勇氣對他父親說：「對不起，爸爸，是我砍倒了櫻桃樹，我只是想試一試自己的斧頭是不是鋒利。」

父親看著犯了錯的兒子，本想狠狠地罵他一頓。但想了想，還是忍住了，只是問他：「你不怕我知道了會罵你打你嗎？」

華盛頓勇敢地抬起頭，望著父親說：「但是，無論如何我也應該告訴您真相。」

父親聽了華盛頓的解釋，怒氣一下子就消了，慈愛地對他說：「孩子，我很高興你對我講了真話，我寧願不要一千棵櫻桃樹，也不願意你不承認錯誤。」

因為父親的原諒，華盛頓受到了莫大的鼓舞和鞭策。正是在這樣的家庭教育下，華盛頓養成了誠實的特質，並最終成為了一代偉人。

愛孩子，首先就要尊重孩子，信任孩子。即使孩子真的做錯了事情，我們也不要以父母的權威加以斥責和打罵，應該耐心地引導、啟發，讓他們自己意識到自身的錯誤。我們應該用溫和的語氣要求或建議孩子：「你這樣做是不對的，你想不想聽一聽爸爸（媽媽）的想法呢？」試想一下，如果華盛頓在向父親承認錯誤以後，得到的不是原諒和鼓勵，而是一頓訓斥和暴打，那他以後還敢承認錯誤嗎？

「不打不成器」是一種捨本逐末的觀念，也是一種簡單粗暴的家庭教育方式。打罵不是父母教訓孩子的武器，它不僅不能讓孩子「服氣」、「順從」，而且還可能會對孩子的一生都造成難以彌補的心靈創傷。因此，身為父母，為了孩子的身心健康，我們再也不要用惡毒和刻薄的言語去責備，更不該用無情的拳腳來對付。棍棒下絕對開不出鮮花來，更培養不出孩子健康的人格。

第五章

讓孩子把話說完——父母是孩子最好的傾聽者

父母多傾聽孩子的心聲，可以了解孩子的內心感受，因而增進親子溝通的感情，增加孩子的安全感。父母如果關閉了傾聽孩子意願的耳朵，也就會封閉通往孩子心靈的大門。因此，身為父母，我們應該要學會去做孩子的聽眾，理解孩子，感受孩子的快樂與煩惱，幫孩子找到解決問題的辦法，和孩子共同成長。

一・讓孩子把話說完

一盞心燈

父母不讓孩子把話說完，久而久之，孩子的自我表達能力便會逐漸降低，因而使其產生自卑情緒，這對於孩子的成長和人生都是非常不利的。

教子現場

母親節的前一天晚上，一位母親下班回家後，一邊換衣服，一邊問兒子今天在學校表現怎麼樣。兒子回答說很好，然後從書包裡拿了一幅畫遞給媽媽：「媽媽你看這幅畫。」母親接過畫一看：原來畫的是一個媽媽拉著一個小孩的手，周圍還有樹、花、小鳥。看上去畫得還不錯。

母親隨口問兒子：「這是什麼時候畫的？」孩子回答：「是上國語課的時候，我……」孩子一句話還沒說完，母親的氣就上來了，大聲斥責道：「什麼，上課的時候你不好好聽講，偷偷在下面畫畫，你怎麼能這麼做！」兒子的眼圈立刻有些紅了。過了一會兒，小聲說：「是國語老師要我們畫的，明天是母親節，老師請我們每個人都做一張賀卡送給媽媽。」

母親頓時覺得自己犯了一個非常嚴重的錯誤，沒有問清事情的緣由就不分青紅皂白、劈頭就訓斥孩子。看著孩子委屈得要哭的樣子，母親連忙心疼地把孩子抱在懷裡，哽咽地對他說：「對不起，兒子，是媽媽錯怪你了，媽媽不應該罵你，請你原諒媽媽吧！」兒子流著眼淚點點頭。

這件事雖然過去了很長一段時間，但每次想起這件事時，母親心裡都會深深地自責。

「病」由家生

在生活中，其實有很多父母都或多或少犯過類似這位媽媽的錯誤。據某校一項調查顯示，百分之七十以上的父母承認沒有耐心聽孩子說話。孩子在表達自己的意見時，父母稍不如意就會打斷孩子。要不是用自己所謂的正確意見來代替孩子的想法；就是搶白孩子，將孩子的想法批評得一無是處。

倘若孩子犯了一個小錯，當孩子據理力爭時，這時做父母的會氣上加氣，心想：「你犯了錯還狡辯？」於是，對孩子大聲叫喊：「不用解釋了！」但是到後來往往發現根本不是自己所想的那樣。

一所社會諮詢機構曾對兩千名在校學生做了一次問卷調查，結果顯示，「住口」是孩子們最不願意聽到的父母說的話之一。當孩子正要為自己的行為作出解釋時，我們卻大聲叫喊「住口」，你知道孩子這個時候有多委屈嗎？哪怕事後我們為冤枉了孩子而向他道歉，但對他的傷害仍然已經造成。時間一久，孩子會什麼都不敢想了，也什麼都不敢說了，變得越來越「聽話」。

很多父母之所以不讓孩子把話說完，一般有這樣幾個原因：一是覺得孩子小，不懂事，輪不到他們說話。其實，孩子的思維比大人要簡單得多，他們往往能從複雜的事情中看到本質的東西。二是父母總認為自己才是對的，聽不進孩子的解釋，認為孩子是在找藉口為自己開脫。三是孩子的話說到了自己的痛處，讓自己覺得沒面子。因為孩子都是天真的，他們想到什麼就會說什麼，沒什麼忌諱。

父母沒有耐心聽孩子把要說的話說完，卻將自己的喜怒哀樂強加給孩子，剝奪他們將話說完的權利，那麼再有思想的孩子也會被抹殺得日漸平庸。父母不讓孩子把話說完，久而久之，孩子的自我表達能力便會逐漸降低，孩子的表達能力得不到提升，在從事社交時就會出現表達困難，進而產生自卑情緒，這對於孩子的成長和人生是非常不利的。

孩子雖然小，但也有獨立的人格尊嚴，也有表達內心感受、闡述自己看法的自由。

試想一下，如果是我們自己，話沒有說完就被別人打斷，我們會不會覺得自己的尊嚴被侵犯了？我們還會有說下去的意願嗎？所以，我們應耐心地讓孩子把話說完，孩子說得有理，應該讚賞；說得不合理，應該引導，以解開孩子心中的疙瘩。只有這樣，才能建立健康、和諧的親子關係。

指點迷津

有一次，美國一位知名主持人問一名小朋友：「你長大以後想要做什麼？」

小朋友天真地回答：「嗯……我要當飛行員！」

主持人接著問：「如果有一天，你駕駛的飛機飛到了太平洋上空，但這時所有引擎都熄火了，你會怎麼做呢？」

小朋友想了想：「我會讓飛機上的人綁好安全帶，然後我掛上降落傘跳出去。」

小朋友此話一出，現場的觀眾都笑得東倒西歪，只有那位主持人繼續看著這孩子，想看看他是不是自作聰明的傢伙。

沒想到，接著孩子的兩行熱淚奪眶而出，主持人這才發覺這孩子的答案遠非如此簡單。於是接著問他：「你為什麼要這麼做呢？」小孩大聲說道：「我是去拿燃料，我還要回來！」

這個故事正是告訴我們，一定要耐心聽孩子把話說完，否則，我們將無法知曉孩子內心的真實想法，很可能會讓孩子的心靈受到傷害，影響到孩子的成長。因此，無論孩子想說什麼，我們一定要認真聽孩子把話說完。如果我們在某一重要原則上不同意他的看法，應告訴他我們不贊同他的什麼觀點，並說出理由。在提出反對意見時不要過於武斷，不應否定一切。即使孩子是在信口胡說，我們也要控制情緒，不要妄下定論，直到完全理解清楚。

義大利著名教育家蒙特梭利說過：「對成人而言，兒童的心靈是一個難解之謎。我們應該努力地探尋隱藏在兒童背後的那種可理解的原因。沒有某個原因，某個動機，他就不會做任何事情。」孩子無論做什麼事情，都會有自己的理由。比如孩子沒有完成作業，也許是孩子沒有記住作業，也許是孩子對今天的作業不感興趣，不想做，也許是孩子在老師安排作業時沒在教室，也許是孩子忙於其他的事情，忘了做作業了。

身為父母，當孩子犯了類似的錯誤時，與其喝斥、打罵孩子，不如耐心地聽孩子解釋一下，讓孩子把理由說出來，然後，我們再與孩子一起分析事情的對錯，引導孩子尋找正確的解決問題方法，這樣，孩子才能夠接受我們的責備和建議。再遇到類似事情的時候，孩子才能夠認真地思考、對待。

「己所不欲，勿施於人。」我們不能因為自己是父母，就可以想怎樣對孩子就怎樣對孩子，不等孩子說完，就把自己的想法強加給他。而是要尊重孩子的表達，讓孩子把話說完，只有這樣，才能讓孩子感到被父母的重視，才能真正做孩子的朋友。因此，身為父母，在與孩子溝通時，要時刻提醒自己：「讓孩子把話說完！」

二·做孩子忠實的聽眾

一盞心燈

孩子說話得不到父母的重視，他們只能把自己的想法隱藏在心裡。長期如此，孩子就會慢慢習慣沉默，他也就懶得跟父母說話溝通了，哪怕是面對冤屈，也會緘默不語。

教子現場

老師發現悅悅最近好像變了一個樣，以前的悅悅活潑開朗，上課時也勇於發言，現在卻變得沉默寡言，膽小怕事，總是一個人在座位上發呆，課業成績也趕不上以前了。

老師經過與家長溝通了解，才弄清悅悅突然變得膽小怕事、不愛說話的原因。

以前的時候，悅悅每天放學回家後，都會把當天學校發生的一些有趣事情說給爸爸媽媽聽。可是悅悅的爸爸是一個對孩子要求很嚴格的人，他對悅悅寄予了很大的希望，希望悅悅將來能夠考上好學校，出人頭地。因此，父母對悅悅的課業要求非常高。

悅悅爸爸覺得悅悅說這些話簡直是在浪費時間，每當悅悅正興高采烈地說著學校的趣事時，爸爸總是會打斷她：「每天回家就會說這些廢話，有什麼用，妳把這心思放在課業上多好，不要說了，快去做作業吧！」

有一次，悅悅正興奮地說著學校裡發生的一件事時，爸爸突然說：「說了妳多少次了，叫妳不要說這些廢話，妳還說，再不長記性，小心我打妳！」爸爸的恐嚇嚇得悅悅一個字也不敢說了，趕緊躲到自己房間裡去了。

慢慢地，悅悅在家裡說話越來越少了。爸爸也不讓她出去和其他孩子玩，每天放學後只能悶在自己的房間裡。久而久之，悅悅的性格也就變了，變得沉默寡言，膽小怕事了。

「病」由家生

孩子雖然小，但也會有很多心事。比如說，今天弄丟了一枝心愛的筆，心裡不高興；今天跟同學吵架了，很生氣；今天回答問題受到了老師的表揚；今天又交了一個新朋友……每天回到家，他們也想找個人說一說、聊一聊。那麼跟誰說、跟誰聊呢？當然是跟爸爸媽媽。那麼，身為父母，我們就應該要學會去做他們的聽眾，理解孩子，感受孩子的快樂與煩惱、幫孩子找到解決問題的辦法，和孩子共同成長。

可惜的是，很多父母跟悅悅的爸爸一樣，並不知道孩子心裡的這份渴求。他們總認為孩子的話無關緊要，喜歡隨意剝奪孩子表達意願的權力，也不樂於傾聽孩子的意願。這種態度，很容易造成父母與孩子之間的誤解，讓孩子覺得自己不被尊重，給孩子帶來心靈的傷害。

父母關閉了傾聽孩子意願的耳朵，也會封閉通往孩子心靈的大門。孩子說話得不到父母的重視，他們只能把自己的想法隱藏在心裡，做父母的也就很難知道孩子的所思所想。這樣對孩子的教育就會無的放矢。長期如此，孩子就會慢慢習慣了沉默，他也就懶得跟父母溝通了，哪怕是面對冤屈，也會緘默不語。一個不會據理力爭的孩子，將很難適應這個競爭激烈的社會，而這樣的重負很可能讓他們出現嚴重的心理問題。

父母學會傾聽孩子說話是和孩子進行有效溝通的前提。父母多傾聽孩子的心聲，了解孩子的感受，不但可增進親子溝通的感情，也可以讓孩子明白，當遇到有任何煩惱時，回到家裡都會得到父母的體諒和支持。如果孩子感受到，他能夠自由地對任何事物提出自己的意見和建議，而他的建議又沒有受到輕視。這種體驗有助於孩子勇往直前，對什麼事情都問個為什麼，對什麼事情都敢提出自己的看法，先是在家裡，然後在學校，將來就可以在工作上、社會中自信勇敢地正視和處理各種事情。

指點迷津

當孩子遭遇挫折、困頓、失敗和難過時，積極地傾聽能夠沉澱和過濾孩子複雜而奔騰的情緒，因而增強孩子的信心和勇氣。如果父母忽視了與孩子的溝通，不重視孩子的傾訴，時間久了，不良的影響就會表現出來。因為對於一個已經有自我主張和能力的孩子來說，讓他乖乖地「聽話」是一種痛苦。所以，父母一定要學會傾聽孩子的聲音。

那麼，父母應該如何做好孩子忠實的聽眾呢？

1 做出聽的姿勢

行為語言是父母向孩子傳達資訊的一種不用語言的方式。有幾種主要信號可以表示對孩子的注意：一是與孩子緊挨著坐，並正面向著孩子，與孩子平視，不可居高臨下；二是身體要稍稍向前傾斜，這是表示有興趣的姿勢；三是聽的過程中，不要用手捂著嘴巴，或兩手抱著胳膊，或翻看著書；四是要用眼睛「聽」，要睜大眼睛看著孩子說話，很自然地用眼神來表達自己的興趣和愉悅。

2 表現出聽的興趣

為了使孩子的談話持續下去，我們要表現出聽的興趣，並說一些鼓勵的話語，如「太好了！」、「真的嗎？」、「我跟你想的一樣。」、「我簡直不敢相信！」等等，也可以提一些簡單的問題進一步引導孩子。

3　集中注意力專心聽

父母在聽孩子講話時，必須要集中注意力。在這個時間，不要煮飯、燙衣服和做別的一些家務事，關掉電視和忘掉電話及其他分心的事。

很多時候，孩子傷心、煩惱，有什麼心事，只需要父母聽他訴說，只需要稍加指點開導，並不需要時時處處受教育、被指正。即使孩子的想法和態度有問題，也不必大驚小怪，仍要先做忠實的聽眾。這樣，我們才能走進孩子的世界，也才能讓孩子的心靈得到宣洩。

三・孩子發脾氣是有原因的

一盞心燈

發脾氣是孩子正常的情緒宣洩，要允許孩子發發小脾氣，然後採取適當的方法安撫孩子，這樣才能使孩子的心情由「陰」轉「晴」。

教子現場

婷婷的媽媽常常對人說：「我家婷婷大多時候都很乖，就是比較固執，遇到不如意的事就會大發脾氣，找理由哭鬧，怎麼勸都不行，真是讓我頭疼。」一天，一位朋友聽完婷婷媽媽的嘮叨後，說道：「她這麼容易哭鬧，應該是有原因的吧！」

為了弄清婷婷愛發脾氣原因，媽媽從此便留心觀察。後來發現，婷婷總是在父母不耐煩或有惱怒表情後就開始發脾氣。此時，媽媽不禁有些醒悟。可能是婷婷看到爸爸媽媽生氣後，會想到他們不再愛他了，所以有危機感，因恐慌而耍脾氣？

當婷婷再一次發脾氣時，媽媽沒有像以前一樣訓斥她，或表現出厭煩的情緒，而是和顏悅色地摟著婷婷說：「媽媽知道妳心裡難過，能不能告訴媽媽這是為什麼呢？」靜了一會兒，婷婷終於開口說：「我剛才看妳生氣，以為妳不喜歡我了。」

「傻孩子，媽媽怎麼會不喜歡妳呢！剛才是因為媽媽情緒不好，才生氣的，並不是因為妳。媽媽永遠都喜歡妳，你要相信媽媽。」媽媽吻了一下婷婷的臉說道。

慢慢的，婷婷平靜了許多，從那以後，再也沒有無緣無故地發脾氣了。

「病」由家生

對孩子來說，發脾氣是一種常見的現象。心理學家研究發現，孩子從一歲起就會用發脾氣的方式來表達自己的獨立願望和反抗意識了。一般來說，孩子發脾氣的行為會隨著年齡的增長而減少。造成孩子發脾氣的原因是多種多樣的，但多數都與父母的教育不當有關。

很多父母過於溺愛和遷就孩子，只要孩子一發脾氣，便會滿足孩子的願望。時間一久，孩子便把發脾氣作為控制父母的一種手段，於是無形之中養成了不良習慣。有的父母對孩子沒有耐心，動不動就對孩子大喊大叫，亂發脾氣，孩子也漸漸開始模仿這樣的行為。如果父母的脾氣本來就不好，孩子也不會好到哪裡去。有的父母教育態度不一致，一個嚴加管教，一個卻盡力袒護，這會使孩子覺得有了「靠山」，也會出現無所顧忌、動輒哭鬧的現象。

俄國作家托爾斯泰說：「**憤怒對別人有害，但憤怒時受害最深者乃是本人。**」對孩子愛發脾氣的毛病如果不及時糾正，這不僅容易傷害到孩子的身體，而且還將影響到他對環境的適應能力，使孩子難以應付挫折，因而影響他健全人格的形成，這對孩子是十分不利的。

所以，父母有必要培養孩子平和的性情。當然，父母也應該明白：發脾氣是孩子正常的情緒宣洩，也要允許孩子發發小脾氣，然後找到孩子發脾氣的原因，並採取適當的方法安撫孩子，這樣才能使孩子的心情由「陰」轉「晴」。

指點迷津

孩子經常脾氣，不僅會嚴重損傷孩子的情緒和生理狀態，而且也會使父母狼狽不堪，感到很棘手。所以父母要想方設法制止孩子發脾氣。那麼，到底應該如何制止，方能奏效呢？

1 給孩子發脾氣的權利

如果孩子正在氣頭上，要允許他發發脾氣。我們不妨停下手邊的工作先坐下來，靜靜地看著孩子，不去打斷他的怒氣，全神貫注地傾聽，這等於是告訴孩子：你是被我們在意的，我們在認真地注意你的感覺或問題。給孩子發脾氣的權力，有助於孩子宣洩心理能量，使情緒逐漸緩和。

2 孩子發脾氣時，不要過多責罵

當孩子發脾氣時，父母不要採取打罵的方式非要把孩子制服，這樣只會火上加油。父母應該態度冷靜，可以適當給孩子留點面子，找個臺階，讓他自己下。

3 用冷處理給孩子「降降溫」

當孩子發脾氣時，我們不妨走開一會兒，讓他自己慢慢冷靜下來。等脾氣發完過後，我們可以慢慢地問他：剛才為什麼發這麼大的脾氣？能和媽媽說說你發脾氣的原因嗎？一定要聽聽孩子的想法。同時，還要向孩子說明發脾氣的壞處，比如因為小事發脾氣，容易傷害別人的自尊心，影響你和朋友的感情。也可以讓孩子換一個角度想一想，如果別人對你發脾氣，你會有什麼感覺？是不是很沒面子。總之，要讓孩子明白：凡事必須要講道理。

4　**選擇適當的方式讓他發洩出來**

當孩子生氣時，我們可以問一問孩子生氣的原因，並讓他用語言把怒氣宣洩出來。有時我們還可以鼓勵孩子進行一些活動來發洩怒氣。比如，大聲地唱歌，到室外去跑步，捶打枕頭、沙袋之類的柔軟物品。

5　**父母自己不要經常發脾氣**

如果父母遇到不開心的事情，總是怒髮衝冠，摔摔打打，又怎能期望孩子控制好情緒呢？因此，父母一定要做好孩子的榜樣，處事心平氣和，不亂發脾氣。孩子在這種氛圍的薰陶下，他的性格才會平和而鎮定，不會因為芝麻綠豆大的事情就哇哇亂叫。

6　**父母的教育態度要一致**

當孩子發脾氣時，不能有人去罵他，有人去哄他。父母彼此之間一定要溝通好，一旦孩子發脾氣，父母應採取一致的態度。否則，孩子就會更加哭鬧不止。

孩子的喜怒哀樂等情緒體驗是毫無掩飾的，他們敢愛、敢恨、敢說、敢笑，這使得孩子能及時宣洩各種情緒能量。因此，為了孩子的健康成長，允許他們發發小脾氣也未嘗不可！

四．有時候也要允許孩子說「不」

一盞心燈

不允許孩子說「不」，孩子可能就會變得沒有主見，唯唯諾諾，只會在心理上依賴別人而生存。

教子現場

有一天，媽媽帶著小民去買鞋。兩人來到一家童鞋專賣店，店裡有花花綠綠、各式各樣的兒童鞋。媽媽看中了一款藍色的休閒鞋，媽媽覺得小民穿上這雙鞋一定很好看。當媽媽從貨架上取下這雙鞋要求小民試穿時，小傢伙卻一把推開了媽媽的手。原來他喜歡另一雙淺灰色的運動鞋。在媽媽看來，那款灰色的鞋子有些老氣，也有些土氣。

但小民卻堅持要試那一雙，媽媽不同意，就對他說：「穿這雙吧，這雙藍色的好看。」「不，我要那一雙淺灰色。」小民堅持自己的原則。

媽媽實在看不出那雙灰色的鞋子有什麼好，極力勸小民改變主意：「民民，你要聽話，我們不要那一雙，穿這雙，這雙更好看。」媽媽手裡拿著那雙藍色鞋子，不停地在他的腳上套。

小民小腳亂蹲，不讓媽媽將藍色的鞋子穿在他腳上，嘴裡還說：「為什麼孩子要聽大人的話，而大人不能聽小孩子的話啊？」

媽媽一聽，覺得小民說得也有道理，於是沒再堅持自己的主張，而是尊重了小民的想法，買了那雙淺灰色的運動鞋。回家的路上，小民也非常開心。

「病」由家生

在生活中，我們常常會見到這樣的情形：孩子打籃球正起勁時，父母叫喊著要他們「回來」，孩子往往會搖頭晃腦地回答道「不」，於是父母跑過去拉著就走；孩子看一本很感興趣的書時，父母叫喊著要他放下書本「快過來吃飯」，孩子往往會頭也不抬地回答「不，等我看完了再說」，於是父母跑過去，一把搶過書本，就往飯桌上拉……像這樣只要孩子說「不」，就以粗暴方式對待的教育方法是不可取的。

很多父母以為只有聽話的孩子才是好孩子，只有孩子聽話，才證明自己的教育是成功的。其實，**僅僅要求孩子聽話，不允許孩子說「不」，並不是家庭教育成功的標誌。**

有這樣一位國中女生，就因為父母不允許她說「不」，而導致與父母的關係非常緊張。她說「我爸媽真是太霸道，什麼事都要聽他們的，只要我說出半個『不』字，或者沒有按他們的要求去做，不是被罵得狗血淋頭，就是被打得遍體鱗傷。我真想離開這個家……」

要求孩子句句聽話，從不讓他在自己面前說「不」，這不是在愛護孩子，而是在傷害孩子。若禁止孩子說「不」，孩子的思考能力必然會萎縮，因而扼殺他們的創新想法，使他們變得沒有主見，唯唯諾諾，只會在心理上依賴別人而生存。

孩子是一個獨立的個體，只要在合理範圍內允許孩子說「不」，才有助於他自主、獨立的個性發展，有利於孩子健全人格的成長。同時，允許孩子說「不」，也才能建立和諧的親子關係，也才有助於親子溝通的良性發展。

指點迷津

聰明的父母，要適當地允許孩子說「不」，接納孩子說「不」，聆聽孩子的選擇，尊重孩子的表達，給孩子獨立自主的成長發展空間。當孩子勇於在我們面前說「不」時，我們應該感到慶幸，這說明孩子在長大，開始有了自己的獨立見解。更何況，僅要求孩子聽父母的話，而父母卻不用不聽孩子的話，這實在是有點不公平。要知道，我們的話並非總是對的，而孩子的話很多時候也有他自己的道理。

隨著孩子的慢慢長大，他們對事物也逐漸有了自己的認識，不管是對是錯，我們不能簡單地加以否定；或一味以自己的要求強求孩子，而應允許孩子表達自己的願望。當我們聽到孩子說「不」時，不要大發雷霆，而應該是喜笑顏開地對他說：「真不錯，小傢伙居然已經學會獨立思考了！」或者說：「喔，還挺有個性啊！」

其實，孩子回答了一聲「不」，並不是不愛自己父母，也並不是不聽父母的話，而是除了他們貪玩天性外，也可能還有一定的理由。我們不妨跟孩子用平等的身分聽一聽他說「不」的理由，然後再用正確的方法來解決這一衝突。比如我們喊他吃飯，但他仍然在看書，也許是只剩下幾頁便可看完，也許書是借來的，他急於看完以便及時歸還。因此，當他們說「不，等我看完了再說」時，我們可以說：「好吧，孩子，我們再等你一會，不過不能太長，飯菜涼了，吃下去會肚子痛的！」那孩子肯定會高興地答道：「好，我馬上就來！」

允許孩子說「不」，這一點對父母來說應該不難。只要我們放下做家長高高在上的架子，把孩子當朋友，真正聆聽他們的心聲，我們就願意聽孩子說「不」了。

五・原諒頂嘴的孩子

一盞心燈

有些時候，孩子的頂嘴是他們對父母「不合理」要求的公開抗爭，也是一種心理宣洩，這樣的孩子不會有畏縮心理、壓抑心理及懦弱、保守、逆來順受的性格。

教子現場

莉莉是一個漂亮可愛的小女孩，一直是父母心中的驕傲。可是隨著莉莉的長大，性格也好像越來越有個性了，有時候為了堅持自己的行為或看法，甚至還會跟父母頂上幾句。

有一天，外公外婆來了，莉莉陪他們看電視。晚上九點多時，媽媽對莉莉說：「快去睡覺吧，都快十點鐘了，明天還要上學呢。」

外婆說：「我和外公難得來一次，今晚就讓她多看一會電視吧！」但媽媽仍不同意，莉莉只好噘著嘴不情願地去了臥室。

看到女兒這種樣子，媽媽說：「好女孩要聽媽的話，臉色不要這麼難看！」

莉莉聽到這話，馬上回了一句：「媽媽，每個人都要聽自己媽媽的話嗎？」

媽媽說：「那當然！」

莉莉鼓著腮幫子說：「那妳怎麼不聽媽媽的話？外婆叫我多看會，你偏不讓我看！」

媽媽：「妳……」

「病」由家生

「為什麼要我這樣？」、「你別管我！」、「你別想！」……

很多父母會發現，隨著孩子的長大，他們越來越多的時候和自己有了不同的看法。更難以讓人容忍的是：孩子居然敢和自己頂嘴。這令許多父母大為惱火。

孩子頂嘴，除了因為年齡的增長，漸漸有了自己的看法之外，與父母本身的教育也有很大的關係。有的父母對孩子過於溺愛，使孩子缺乏約束，沒有禮貌，在長輩面前肆意而為，而父母又未能及時予以糾正。有的父母要求孩子做事情時，不尊重孩子的意願，總是強加控制。比如當孩子正與夥伴們玩得高興，我們卻叫他立即停下來去做作業；孩子不願學書法，我們卻硬逼他苦苦練習等。還有的父母自己不能以身作則。比如，不論是在家裡，還是在外面，自己對長輩不尊重，在與他人意見不一致時，就往往採用爭吵等激烈的方式來解決，對孩子產生了潛移默化的影響。

父母如果換一種角度來思考，就會感到孩子「頂嘴」不是一件令人生氣之事，而是一件高興的事。實際上，孩子頂嘴，說明孩子已經有了獨立的思維能力，有了自己獨特的想法，並且將所想的表達出來，否則，孩子對父母的「不合理」要求只會忍氣吞聲。有些時候，孩子的頂嘴，是他們對父母「不合理」要求的公開抗爭，也是一種心理宣洩，這樣的孩子不會有畏縮心理、壓抑心理及懦弱、保守、逆來順受的性格。

身為父母，與自己的孩子較勁，其實是一件愚蠢的事情。父母應該明白「己所不欲，勿施於人」的道理，自己希望孩子靜下心來，聽一聽自己的意見；反之，身為父母，難道不應該聽一聽孩子的意見嗎？

指點迷津

孩子不聽話氣人，孩子頂嘴更氣人。身為父母，我們應該如何消除孩子頂嘴的現象呢？

1 控制好自己的情緒

很多父母認為，孩子頂嘴就是不聽大人的教導，就是向父母提出挑戰，往往十分惱火，除了對孩子喝斥外，有的還會痛打孩子一頓。其實，我們沒有必要對頂嘴的孩子大動肝火。而應該保持冷靜，耐心傾聽孩子的意見和觀點，以弄清孩子頂嘴的原因，然後再決定解決辦法。

2 **減少對孩子的溺愛**

如果是因為溺愛造成了孩子頂嘴的習慣，那我們只有消除對孩子溺愛的氛圍，頂嘴現象才能減少。如果孩子不聽話，明顯是不講道理的頂嘴胡鬧，父母都不理他，孤立他，讓他承受後果。而當他變得講道理聽話時，則用鼓勵的言行強化他的轉變。

3 **給孩子做個好的榜樣**

要想減少孩子的頂嘴現象，我們父母也要以身作則。如果我們自己都時常跟人頂嘴，跟長輩發生衝突，那麼，我們在教育孩子時，自然會遭到反抗和頂撞。因此，我們做父母的，平時處事要平和，不急不躁，遇到長輩時言行尊重，孩子自然會聽從我們的教導，而不再頂嘴。

4 **營造民主的家庭氣氛**

家庭中父母與孩子之間不應該存在什麼等級制度，那種一言堂或家長專政，早應該被廢除了。我們不妨在家裡營造出足夠的民主氣氛，誰說的有理就聽誰的。並且鼓勵孩子隨時講出自己的感受，隨時化解孩子的委屈。這樣做，孩子才會理解和認同我們。如果父母總是以大壓小，長期下去，反而可能導致孩子在日後養成反向或逃避心理。隨著年齡的增長，孩子屈從的時代已經過去，取而代之的是說服的時代。因此，我們應該以一分為二的眼光對待孩子的「頂嘴」現象，用說服、引導的方法將其變為父母和孩子的正常溝通。

六・允許孩子偶爾插嘴

一盞心燈

阻止孩子插嘴，可能會扼殺一個有獨立見解的人才。

教子現場

偉偉是小學三年級的學生，天資聰慧，課業成績很好，深為父母喜愛。只是他有個毛病，讓父母煩惱不已，那就是在別人說話時，他總喜歡插嘴。

有一天，爸爸的幾位大學同學來家裡做客。因為好久不見，大家都格外珍惜這次機會，剛坐下就聊得不亦樂乎。回憶過去，暢敘友情。偉偉看見大家聊得這麼不亦樂乎，也湊到了爸爸的身邊，時不時插話、接嘴。

叔叔們有時因不願太冷落偉偉，也不時地與他說上幾句，然後就又與別人暢談起來。偉偉控制不住，纏著一位叔叔連提幾個問題。叔叔正不知如何回答時，爸爸生氣了，衝著偉偉大吼道：「大人說話，小孩子不要插嘴，快去做作業去！」

偉偉難過地離開了，一連幾天都高興不起來。

「病」由家生

我們經常會碰到這麼一種情況：幾個大人在一起聊得不亦樂乎，而孩子為了能引起大人的注意，就在旁邊插嘴，跟大人搶話。喜歡插嘴，幾乎是孩子的通病。無論在家裡還是在幼兒園，大人說話孩子喜歡插嘴，老師在上課有的孩子也喜歡插嘴。

其實，孩子愛插嘴，是一種正常的現象。這說明孩子天性活潑、好奇心強。孩子因為年齡小，知識量少，求知欲卻高。當大人講到他聞所未聞之事時，便會提出許多問題希望得到解答。孩子插嘴，有時候是想引起父母的注意。比如當父母打電話或和其他人說話時，孩子感到「若有所失」，於是想盡辦法「爭回」焦點。另外，孩子愛插嘴，也是他們自我意識較強的反映，是他們成年之後產生自信心和自尊心的基礎。

然而，在許多場合，孩子的插嘴卻讓父母感到是一種干擾，是一種不禮貌的行為。這時，許多父母會對孩子大吼一聲：「大人說話，小孩子不要插嘴。」殊不知，這一句責罵，可能會扼殺一個有獨立見解的人才。父母阻止孩子插嘴，也會讓孩子產生這樣一種心理：父母這樣不重視我，就證明他們根本不喜歡我。以後，當孩子不像以往那樣黏著父母的時候，父母可能還會納悶：這孩子最近怎麼不太理我們了？他們不知道自己已在無意之中傷了孩子的心。

因此，**無論孩子插嘴的原因是什麼，我們要用積極、平靜的態度去看待**。多數情況下，孩子插嘴是想表達自己的觀點，引起父母的注意。我們還應鼓勵孩子插嘴中的正確見解，和勇於發表意見的勇氣，這樣會使他們變得自信與堅強。

指點迷津

不喜歡孩子插嘴，這種態度本身說明父母不夠重視孩子的意見。孩子很容易從此自我貶低，對大人之間的談話，不再去聽，也不再去想了，這就失去了寶貴的思維訓練的機會。但是，有時候孩子插嘴，也確實不合時宜。那麼，我們應該如何做，才能兩全其美呢？

孩子插嘴，說明他仔細聽了，而且要急著發表自己的看法，或者是想吸引大人的注意。這時我們不應該喝斥著打斷孩子，或者粗暴地說「去旁邊玩，沒你的事」。孩子插嘴時，我們應該包容孩子，停一停允許孩子發表一下自己的看法。當孩子表達出的觀點新穎，我們應適當給予表揚，以鼓勵孩子多思考。如果孩子滔滔不絕，我們則可以提醒他：「請你快一點說完自己的意見，我們還要談論別的話題，」

如果是在談論重要事情，確實不適合孩子插嘴，我們可以用一個手勢、一個眼神來制止他們的這種不禮貌的行為，這樣做比喝斥孩子更能保護他的自尊心。我們也可以給孩子安排一些他能力所及的事讓他去做，只要讓他感覺到我們並沒有忽視他的存在，他也就會很高興地去做他自己的事。

讓我們所有父母都重視孩子們吧，也許在他們無意的插嘴中就能有許多好的建議。只要孩子在合理、適宜的情形下插嘴，我們就應當贊同孩子勇於發表自己意見的勇氣，這是我們對孩子話語權的肯定，它所傳遞的是我們對孩子的關愛和尊重。

第六章
先處理情緒，後處理問題——責備是一種藝術

卡爾．威特曾說過：「孩子的成長離不開寬容和賞識，而嚴苛的責備會使天才夭折。」沒有孩子喜歡受責罵，責罵只是一種不得已而為之的教育手段。責罵孩子一定要講究策略，讓孩子心服口服。如果胡亂對孩子訓斥一頓，不僅達不到應有的教育效果，反而會傷害孩子的自尊。一個在羞辱中長大的孩子，他的自尊是殘缺的，他的內心是自卑的，將來他如何有信心面對生活和事業？卡內基說過：「用建議的方法，容易讓一個人改正錯誤，可以保持個人的尊嚴和自覺的重要性。」

一・喝斥可以趕走一個天才

一盞心燈

責罵環境中成長的孩子，心理壓力大，常常會感到緊張、恐懼、惶恐不安，性格容易變得內向。

教子現場

一個孩子期末考試考砸了，垂頭喪氣地回到家。爸爸拿起成績單一看，立刻火冒三丈，劈頭就甩出一句話：「瞧你那樣子，不會讀書，整天就知道玩，天生的笨蛋！」孩子本來是想對父母說聲對不起，並保證今後再也不貪玩了，一定好好讀書，考一個好成績來回報父母。但看到爸爸如此生氣，到了嘴邊的話也就嚥回去了。

一個孩子在院子裡踢球，卻不小心砸碎了家裡的窗戶玻璃。這時正在家裡做事的媽媽立刻跑了出來，大聲喝斥：「早就告訴你不要在院子裡踢球，你的耳朵長哪去了，以後你再在院子裡踢球，看我怎麼揍你。」孩子本來是準備向媽媽道歉的，但被媽媽這麼一頓數落，心裡覺得很委屈，也對媽媽的態度感到很失望。從那以後，不論媽媽說什麼，他根本就不聽了，更別說放在心上。

「病」由家生

故事中的兩個孩子本來都已有悔改之意，但父母卻因一時之氣不問青紅皂白地將孩子一頓責罵，結果讓孩子有苦說不出。孩子做錯事，必須遭受責罵，否則是不會知錯改過的，這是一般父母管教孩子的觀念。卻不知，經常用惡言惡語責備孩子，不僅不會收到預期效果，反而會導致惡性循環，愈罵愈糟。

孩子雖小，但也要面子，也需要人格尊嚴，也希望獲得肯定與讚揚，而不是被責罵。然而，在日常生活中，我們卻經常可以看到父母在有意無意地傷害著孩子的自尊心。當見到孩子做了錯事，或什麼淘氣的事，張口就罵，「你這個混球」、「你就不知道做好事」、「養個你這樣的孩子，我真是倒了八輩子的楣」。當孩子考試成績不理想時，馬上火冒三丈，「你真笨」、「你簡直一點用都沒有」。

卡爾．威特曾說過：「**孩子的成長離不開寬容和賞識，而嚴苛的責備會使天才夭折**。」在責罵環境中成長的孩子，心理壓力大，常常會感到緊張、恐懼、惶恐不安，性格容易變得內向。孩子會逐漸地對自己失去信心，無法正確認識自身的能力。在今後的生活中，面對機遇的時候，他可能會因為沒有自信，還沒開始嘗試，就主動退縮了。

當孩子被父母用不堪入耳的話責罵時，還會感到憤怒與厭惡，但卻又在潛移默化中學會了滿口不堪入耳的話，並施予他人。責罵還會逼著孩子說謊，有時孩子並不明白為什麼不能做這樣的事，只知道這樣做又會遭到父母的責罵，於是不得不想方設法掩飾自己的過失。為了蒙混過關，就會編出各種謊話，成為習慣，長大也就難以改變了。孩子如果被罵習慣了，最後變得什麼都無所謂，弄到羞恥心蕩然無存的地步，那教育就更是難上加難了。

在生活中，誰不犯錯呢？何況，淘氣與反抗是孩子的天性，他們有時候犯錯誤甚至都是無心的。父母動不動便大吼大叫，不僅不會達到預期的效果，反而還會傷害孩子的自尊心，破壞親情關係，加深彼此的怨恨。因此，經常惡言惡語責罵孩子的父母，應該自我檢討，要責備的是自己而非孩子。

指點迷津

一個人最重要的是尊嚴！一個在羞辱中長大的孩子，他的自尊是殘缺的，他的內心是自卑的，將來他便沒有信心面對生活和事業。孩子犯再大的錯，父母也不應用惡毒和刻薄的言語去責備。況且很多時候，並不是孩子的錯，而不過是做父母的自己心情不好，遷怒於孩子。

很多父母可能會說：「孩子是我生我養的，我怎麼不能罵他？」沒錯，是你給了孩子生命，給了他生存的保障，但孩子不是你的附屬品，也不是你的奴隸，你有什麼權利剝奪孩子的尊嚴呢？我們可以想一下，如果我們在父母的責罵中成長，自己會是什麼心情？

當然，天下沒有父母會故意去傷害自己孩子，也許是因為氣極了，情緒一下子失去了控制，才口不擇言。其實，身為父母，如果能在此時克制一下自己的情緒，想一想孩子這麼做是不是有特別的原因？那麼，大概我們能夠做到在惱怒的瞬間立即控制住不發作出來，而是先問明白原因，再決定處理方法。一個本著「不罵孩子」的原則來教導孩子的父母，他們是不會動不動就對孩子發火的。

孩子因為年齡小，犯錯是件很平常的事，所以，父母教育孩子，應該把孩子犯錯當作平常事來對待，對他們犯錯表示理解。父母的責任就是在孩子犯錯時，及時給予提醒，制止他們的這種行為，然後再心平氣和地告訴孩子他錯在哪裡，應該如何去改正。

一個孩子看見媽媽在廚房忙得滿頭大汗，便心疼地過去幫忙。剛好媽媽才煮了一大碗湯，孩子不由分說端起就走。然後媽媽就聽到飯廳碗摔碎的聲音。她跑過去一看，只見孩子捏著小手，又委屈又害怕地站在那裡不敢作聲，湯灑了一地，碗也碎了。

媽媽心疼地撫著孩子燙紅的小手，說：「媽媽為你擦點藥，等一下就沒事了。」「可是……我把碗打碎了，湯也沒有了。」孩子難過地說。「沒關係，湯沒了媽媽再煮就是了。」在為孩子擦藥的時候，媽媽又對孩子說：「你主動幫媽媽做事，媽媽很感謝你。不過以後要注意，端這麼燙的東西，一定要用溼毛巾護著手。知道了嗎？」孩子用力點點頭：「知道了。媽媽。我下次一定會注意的。」

這位媽媽做得很好！如果在孩子打碎湯碗後，想也不想就過去責備孩子：「誰叫你幫忙的，好好一碗湯全撒了！」或者「你怎麼這麼笨，這麼燙還直接用手去端！」而孩子的一片好心、孩子是否被燙傷這些更值得關心的事卻提也不提。這個時候，不僅會打擊孩子積極做事的主動性，而且孩子還會覺得在媽媽的心裡自己還比不上一碗湯。那麼，這樣的數落有什麼意義呢？

如果我們希望自己的孩子將來有出息，那就謹慎自己的言辭吧。責罵的話，一句也不要說。如果孩子的錯實在很嚴重，還是需要嚴肅地給他指正，這種嚴肅是在態度和語氣上，而不是指用惡毒的字眼來罵孩子。時刻記住：如果我們不希望自己的孩子將來像奴隸一樣，那麼就把自尊還給他！

二・恐嚇會給孩子埋下「怕」的種子

一盞心燈

如果父母們總是利用孩子的無知心理來嚇唬他們，將會在孩子心靈深處埋下「怕」的種子，造成孩子膽小、孤僻、憂鬱、懦弱等性格上的缺陷。

教子現場

有一個小女孩八歲了，上小學二年級，聰明可愛，就是上課時經常「恍神」，老師叫她回答問題時，她常會一驚。後來經了解，原來她父母經常嚇唬她，只要她平時不聽話，就會嚇唬她說：「再不聽話，大灰狼會來啃妳鼻子的。」、「妳再哭，就把妳扔在外面，讓妖怪吃了妳。」……就這樣，一直生活在恐嚇環境中的她，膽子變得很小，晚上不敢獨自睡覺，而白天怕見到帶毛的動物。

「病」由家生

在日常生活中，我們經常會聽到父母恐嚇孩子，尤其在孩子有了過錯時，總喜歡連罵帶嚇唬。比如，當孩子哭鬧或不好好吃飯時，父母便說「你再不聽話，就不給你飯吃了」；當孩子想出去玩，為打消孩子的念頭時，便說「外面有騙子，會把你騙走」；當孩子想玩泥巴，父母怕孩子弄髒衣服，就說「泥巴裡有蟲子，會把你的手咬掉」……可以說，恐嚇成了有些父母管教孩子的一張王牌，他們甚至為自己的這種「妙法」能管住孩子而感到高興，卻不知，這種恐嚇會給不諳世事的孩子造成無盡的傷害。

林小姐今年二十歲了，人長得很漂亮，性格也不錯，但她卻有個怪癖：非常怕狗，即使是一條小狗，也能讓她落荒而逃。

看到林小姐躲避狗時那種風聲鶴唳、草木皆兵的慌亂模樣，朋友和同事們都覺得好笑，常裝狗叫來逗她。一次，公司的同事一起聚會，大家圍坐在一起，天南地北談興正濃。突然「汪汪」一聲，一隻小狗跑出來，正好撞上林小姐，只聽一聲驚叫人便倒了。肇事者這才明白玩笑開過了頭，急忙將林小姐送往醫院。守了一天一夜，她才從歇斯底里的狀態下復原。從那以後，再也沒有人敢拿狗來逗她了。

林小姐的同事都很好奇，不明白為什麼她那麼怕狗。後來才得知，原來林小姐的母親從小就經常用小狗、小貓來恐嚇她。尤其是有一次，還因為被一隻狗咬到而住進了醫院。從那以後，林小姐就一直對小動物，尤其是狗懷著一種很深的恐懼感。

孩子剛出生時，開始並不懂得什麼叫害怕，但後來卻變得很膽小，對很多東西、很多現象都怕，其中一個重要原因就是大人嚇唬所造成的。如果父母們總是利用孩子的無知心理來嚇唬他們，將會在孩子心靈深處埋下「怕」的種子，造成孩子膽小、孤僻、憂鬱、懦弱等性格上的缺陷。

經常被恐嚇的孩子，一般都會變得很敏感，稍微有一點變化就會引起情緒上的波動。但是時間一長，他們就會察覺到父母說的話只是在嚇唬人，因而對大人的信任和依賴感大大降低，也就不再害怕或聽進大人的話語，反而更容易變成賴皮、頑皮的孩子。

法國的心理學家伊塔（Jean Marc Gaspard Itard）曾給我們這些教育孩子的父母一句忠告：「**我們知道兒童生命所遭受的困苦和壓抑會影響他未來發展的整個過程。**」恐嚇是一副猛藥，確實見效很快，但卻是治標不治本，有時甚至連標都治不了，還有極大的副作用。即使是成年人，如果被恐嚇、被威脅，內心也會充滿憤怒，會有一種反抗的欲望。己所不欲，勿施於人，我們自己都討厭被恐嚇，又怎能以同樣的態度去對待孩子呢？

指點迷津

恐嚇的實質就是一種精神暴力，是以鎮壓為手段，達到控制孩子的目的，這是不對的。父母教育孩子應講科學，講方法，讓孩子明白道理，而不是靠恐嚇孩子，強迫他們順從，這樣對孩子的成長很不利。以下就是父母最不該用的幾句恐嚇語：

1 **「再哭，就把你扔掉！」**

只要這句話一出口，就會讓孩子喪失歸屬感。他沒想到，自己只是想發洩一下情緒，就可能被父母丟棄，甚至有被落井下石的感覺。對於哭不停的孩子，父母應該先了解孩子哭泣的原因，如果孩子當時因為情緒激動，不願多談，那就先讓他發洩一下情緒，等他哭完了再和他討論。

2 **「如果你不想變笨，就不要老看電視！」**

看電視和變笨是沒有直接關係的。對於愛看電視的孩子，父母最好是直接說出希望孩子做的事，並且把原因也講明白，比如「想看電視不是不行，但不能看這麼久，我們之前不是已經說好，每次只能看一個小時嗎？」

3 **「再不聽話，就讓警察把你抓走！」**

這類話如果經常從父母口中說出，會讓孩子對警察產生錯誤的認知，認為警察不是好人。也許很多人都發現，即使已經長大成人，但是看到警察或醫生還是有些恐懼，這就是因為小時候留下的心理陰影。而且，父母也不可能真的讓警察來懲罰孩子，而當孩子發現真相後，就會對父母失去信任。

孩子天生就是膽子很大，沒什麼是讓孩子感到害怕的，所謂的害怕都是後天培養出來的。可以說這都是被一些父母嚇出來的。因此，我們千萬不要用警察、醫生、老師及其他讓孩子害怕的人去恐嚇他。一個怕警察的孩子，即使他迷路了，也不會去問警察；一個怕醫生的孩子，即使是生病了，也不會跟醫生合作；一個怕老師的孩子，怎麼可能安心聽老師講課呢？

三・諷刺的創傷是難以癒合的

一盞心燈

經常對孩子冷嘲熱諷，會挫傷孩子的自尊心，使其灰心喪志，並漸漸地變得膽小懦弱，什麼事情都不敢去嘗試，遇事也是畏縮不前。

教子現場

美美是一個事事追求完美的孩子，每天做作業，都希望能做到最好。因此，每天放學以後，總是有做不完的作業，以至於每天晚上都很晚睡。因為睡眠不足，第二天上課時便無法集中精力，如此惡性循環，美美的成績便每況愈下。

更為遺憾的是，美美的媽媽不僅沒有幫助孩子分析原因，找出改正的方法，反而還經常諷刺她：「妳是怎麼學的，我看妳根本就不會讀書，學了也白學。」

由於經常受到母親的諷刺，美美也覺得自己是有點笨，學了也是白學，於是失去了讀書的積極性，成績更是一落千丈，直到十四歲才勉強上完小學。

美美自知無法考上中學，心裡也一直認為自己比其他人都笨，只好輟學出來工作。由於美美對自己失去了信心，每份工作都難以令人滿意，結果在職場上也是連連受挫。

在外人眼中，美美始終是一副膽怯、沒有信心、自卑的模樣。

「病」由家生

從美美的經歷來看，父母如果經常諷刺和嘲笑孩子，對於孩子的不良影響是何其深遠了！

每一個孩子都有他的優點，也有其缺點，當缺點顯現時，有些父母就會對孩子採取嘲笑和輕蔑的態度去數落他。比如說，父母看到一件小事被孩子搞砸了，感到氣憤和失望。於是會罵：「你怎麼這麼沒用，一點小事都做不好！」當孩子做練習，不小心把一些極簡單的試題做錯了，父母看到了，為了刺激一下孩子，便話裡帶刺：「這麼簡單的題目都會算錯，你還能做什麼！」

當然，父母說出酸溜溜的話，也許本意並非是想挖苦孩子，可能是想刺激一下孩子的奮發心，使他再次振作起來，但實際情況遠沒有這麼簡單。一名女生因上學遲到，被老師嘲諷「連站櫃都沒有資格」，這名女生為此跳樓自殺身亡。當然，這樣極端的事情也許不多，但不可否認，它一旦發生，也許會給孩子的心理帶來的一生的陰影。

孩子雖然小，但他們的自尊心一點也不比大人弱，而且還非常敏感。父母用尖酸刻薄甚至冷酷無情的語言來傷害孩子，它傳達出的資訊就是對孩子的不信任，對他取得的成績的蔑視，對他的人格的侮辱。哪怕這種語言「攻擊」停止了，傷害仍會在孩子內心繼續存在。孩子在遭受挫敗以後，本來已感到非常失望，希望得到父母的安慰，而此時，父母不但不加以鼓勵，反而一再數落他、譏笑他，這樣容易使孩子失去上進心，甚至乾脆放棄努力，自暴自棄。這樣的孩子，長大以後會變得畏首畏尾、膽怯、沒有自信。

採取諷刺、挖苦方式激勵孩子是教育不好孩子的。孩子也是一個人，他也有自己的感情和尊嚴。被人揶揄，孩子也會心情沮喪。這麼說話的父母應該想想，如果別人對你冷嘲熱諷，你是什麼心情？將心比心，父母都不能忍受別人諷刺、挖苦，更何況孩子？身為父母，應該以溫和的態度去對待孩子。對於現在的孩子，精神上的鼓勵要比金錢上的鼓勵積極有用得多。

指點迷津

著名作家老舍說過：「母親的心是兒女們感情的溫度計。」孩子犯了他這個年齡不應犯的錯，父母最應該做的就是要承認和信任孩子的能力，並給予引導和鼓勵，而不是諷刺孩子。

比如說，孩子做錯了一道簡單的數學題，我們可以對他說：「這麼簡單的題目都做錯了，我們來一起找找原因，以免下次又做錯了。」我們要對孩子的錯報以平淡的態度，其實，這也的確不是什麼嚴重的問題。父母教給孩子的，應該是一種為人或者處事的方法，讓孩子能夠舉一反三。

當孩子受到別人的諷刺：「你怎麼什麼都不會！」身為父母，我們這時應該鼓勵、支持孩子：「爸爸相信只要你好好做，認真地去做，一定能做得很好。」其實，不管外人怎麼說孩子不行，但只要父母承認孩子的能力，信任孩子的能力，支持和鼓勵孩子，孩子就一定會努力拚搏，而不會沉淪下去。

當孩子有了某種程度的進步，要及時表揚孩子，並善於發現孩子的長處，透過表揚孩子的長處，激勵孩子的上進心。比如，孩子以前讀書做功課都要父母催，做事要父母喊。後來孩子意識到自己的錯誤，改正了。自動念書寫功課，而且還主動幫忙家裡。這時，感到意外的父母千萬不要去懷疑孩子，並說些帶刺的話：「今天怎麼太陽從西邊出來了！」或「今天這孩子怎麼變得我認不出來了？是跟隔壁小燕學的吧？！」我們應及時表揚孩子的進步，可以對他說：「真不錯，孩子，大有進步，一定要再接再厲啊！」

美國詩人朗費羅（Henry Wadsworth Longfellow）曾說：「撕壞的衣服很快就能補，而惡毒的話卻給孩子的心留下創傷。」父母想激勵孩子，千萬不要說孩子壞話，挖苦孩子的缺點，數落孩子的錯失。應該用一顆寓教於愛的寬容心，多用啟發、引導、鼓勵的方式教育孩子，為孩子指點「迷津」，這樣做才是明智之舉。

四・責備孩子不可全盤否定

一盞心燈

「牽一髮而動全身」的責罵，不僅達不到激勵孩子的目的，反而會傷了孩子的自尊心。

教子現場

小玉和媽媽在公車站等車。媽媽的左手拎著一個皮包，右手提著一袋水果。

當天風很大，正好一陣風吹來，差點把媽媽的頭巾吹掉了。媽媽想整理一下頭巾，但兩隻手都提著東西，不方便。這時，小玉便主動提出幫媽媽拎皮包。媽媽猶豫了一下，還是把皮包遞給了小玉，然後開始整理頭巾。

突然又一陣風吹過來，小玉一個不小心，皮包從手中掉了下來，並掉落到了泥水中。小玉一臉惶恐，趕緊把皮包撿了起來。媽媽看著被泥水弄髒的皮包，頓時氣不過，大聲訓斥小玉：「妳怎麼搞的，連個皮包也拿不好。真是沒用！」

小玉聽到媽媽的指責，什麼也沒說，眼淚直在眼眶裡打轉。

「病」由家生

顯然，故事中的這位媽媽責罵孩子時就犯了「牽一髮而動全身」的毛病。像這樣的責罵不僅達不到激勵孩子的目的，反而會傷了孩子的自尊心。

試想，如果以後再遇到類似的情形，孩子還會願意幫媽媽提東西嗎？那孩子又怎麼能提升自己做事的能力呢？因為孩子犯了一次錯誤，就把孩子說得一無是處，會對孩子造成極大的不良影響。

全盤否定是許多父母責備孩子時愛犯的一個毛病，這對教育孩子是有害無益的。孩子小，有缺點，犯錯誤是正常的。絕不能一見孩子犯了錯誤，可一件事情沒做好，就不分青紅皂白地訓斥、否定孩子，甚至把孩子貶得一無是處。其實，孩子有很多可以肯定的地方，父母如果視而不見，孩子可能會覺得不公平，認為自己多方面的能力沒有得到應有的重視，而一次錯誤就被抓住，大概是父母有意和自己作對。要知道，**不當的責備、全盤否定孩子，不僅會嚴重傷害孩子的自尊心，甚至還會讓孩子產生自暴自棄的心理**。

責備的藝術在於正強化，與其強化孩子的弱點或全盤否定，不如將孩子的點滴成績和好的開端看在眼裡、記在心上、掛在嘴邊，強化其好的一面，讓孩子看到自己的潛力，提升自信。

媽媽接女兒回家，在路上，女兒主動提出要幫媽媽提皮包。但女兒卻不小心把皮包掉到了地上的小水坑裡，她連忙撿了起來。

媽媽看到女兒臉上慌亂的表情，微笑地撫摸著女兒的頭說：「沒關係，妳又不是故意弄掉的，媽媽不怪妳！而且妳幫媽媽提東西，媽媽高興還來不及呢！」媽媽說完，便從女兒手上接過皮包，用紙巾擦乾淨了。

「媽媽，我把皮包掉到水坑裡弄髒了，您怎麼不罵我呢？」女兒不解地問。

「每個人都有犯錯的時候，媽媽小時候也一樣。不過媽媽會在錯誤中記取教訓，相信妳也會這麼做的！」媽媽和藹地答道。

女兒說：「真的嗎？媽媽，我也會記取教訓的！我還想替您拿皮包！」媽媽很高興地又把皮包交給了女兒。

這個故事和前面那個故事很類似，但這位媽媽的做法值得稱道。我們對孩子應該有一個全面的認識，孩子有缺點，也有優點，不小心犯了一個錯誤，或一件事沒有做對，不等於一切全完了。有時候孩子犯錯，其實是好心辦了壞事，有的是經驗不足，有的是能力不夠。我們在責備時要一分為二地對待孩子，在責罵的同時，要善於發現孩子錯誤中隱藏的優點。要用開闊的眼光看孩子，這樣才有利於孩子的進步。

指點迷津

「人非聖賢，孰能無過？」何況是還沒有長大的孩子。孩子有什麼缺點，或者犯了什麼錯誤，我們在責罵時絕不能全盤否定其優點和成績。只要對其錯誤加以責備，使其及時改正即可。孩子做了錯事，我們只需要告訴他「你這件事做得不好。」而不要說「你是個壞孩子。」總之，責備孩子時最好是就事論事，不要把孩子說得一無是處，尤其是對其人品、人格的否定。

卡內基說過：「當我們聽到別人對我們的某些長處表示讚賞之後，再聽到他的責備，心裡往往會好受得多。」也就是說，我們在責備孩子時要將責備和表揚結合起來。比如，在責備之前先表示對孩子某一長處的讚賞，肯定孩子的價值，滿足其某種心理需要。然後，我們再責備時，就能讓孩子較易接受，也不致產生反向心理。

父母在運用責備和表揚相結合的方式責備孩子時，除了先表揚後責備的技巧外，還可以採用兩頭讚揚，中間責備的方式，也就是在責備孩子時，先找出孩子的長處讚美一番，然後再提出責備，最後又力圖使談話在友好的氣氛中結束，同時再使用一些讚揚的詞語。父母用這種方式責備孩子，可以不讓孩子太難為情，可以減少因被激怒而引起的衝突。

父母不論採用何種方式進行責備，在責備結束時一定要對孩子提出鼓勵，讓他把對這次責備的回憶當成是促使他上進的力量，而不是一次意外的打擊。在成長過程中，孩子就像一杯沒有倒滿的水，父母不能總是看到「一半是空的」，而應該看到孩子已經「有一半的水」。

五・只談眼前，不翻舊帳

一盞心燈

孩子做錯了的事，已經責備過了就應該「結案」，不要老是記著他以前不好的地方，否則，會讓孩子覺得父母總不能原諒他的過去，這樣會傷害孩子的心。

教子現場

小清今年十歲了，學生成績很好，對人也很有禮貌。只是有一個缺點，一直讓媽媽頭疼——就是不愛收拾自己的房間，每次出門前，房間總是亂糟糟的。因為這事，父母不知道訓斥她多少回了。尤其今天讓父母心煩的是：房屋仲介要來看房子。正好今天又還有別的事忙，沒有時間幫她整理。

當小清放學回家時，媽媽顯然很不高興，把小清叫到面前說：「妳怎麼總是不替媽媽著想？我對妳的表現很失望。我不知道對妳說過多少遍了，要經常打掃房間，但妳一直都當作耳邊風。妳說妳什麼時候才肯聽爸媽的話！」

「今天房屋仲介商來了，看到妳的房間簡直像個豬窩！他們說第一印象很重要。這很可能使我們房子的銷售價格受到影響！這就意味著我們家會損失很多錢！妳是怎麼搞的？耳朵平時都長在哪了？」

「現在回到妳的房間去，好好想想自己以後該怎麼做，這個週末不帶妳去公園了！」

……

「病」由家生

顯然，這位媽媽是在「新帳舊帳」一併提起。只注意孩子的錯處，這顯然是不好的。說實在的，一回家就遭到這樣暴風雨般的斥責，哪個孩子還能保持一個好心情？本來不過是提醒孩子以後要注意打掃房間的衛生，但做媽媽的卻把孩子昨天、甚至把前天犯的「舊帳」都抖出來。這種「翻箱倒櫃」式的過度責備，不僅不能達到教育孩子的目的，反而讓孩子心情沮喪。

再說，花那麼多的心思把孩子犯的錯牢牢記在心裡，還一遍遍地數落，這需要多少精力？有這個精力，還不如多關心一下孩子。當然，父母這麼做，出發點是好的，為的是提醒孩子，讓孩子深深反思，明白自己的不對，以便及時更正。但往往我們在氣頭上就容易「聯想」，喜歡把過去的事都翻出來，絮絮叨叨，沒完沒了，這樣做只會增加解決問題的難度。

有一個孩子，因為一次成績考得不好，父母就責罵：「你是怎麼搞的，這次考試怎麼這麼差？你看看你的衣服，弄得這麼髒！上次讓你去學書法，不想學，寫得也不好。這下好了，什麼都差勁。我和你爸爸的成績從來沒這麼差過，我們上學的時候，多想學寫字，學畫畫啊！我們把所有的希望都放在你身上，可是結果怎麼樣……」

試想一下，孩子受到這樣的責備會有什麼感覺？一方面孩子會覺得一次成績考不好結局很糟糕；另一方面，孩子會認為自己原來一無是處。即使孩子曾經犯過錯，那也是過去的事了，又為何要重新再提起呢？一遍遍地提起這些「舊帳」，就好比把他的傷口一次次地揭開。這樣很容易讓孩子覺得父母總不能原諒他的過去，因而傷害孩子的自尊心，激起孩子的反向心理，使孩子難以接受這種責罵。而且，老是提及孩子的錯誤，只會提醒他哪些是不該做的，卻無法告訴他哪些是該做的。孩子本來已經改正了的，被我們這麼一「提醒」，說不定又會再犯。

父母愛翻舊帳，孩子會對父母敬而遠之，一旦在外面犯了錯，為了避免以後又成為新的一「帳」，便會想方設法瞞著父母。犯錯加說謊，我們可以想像這又是多麼嚴重的後果。可以說，父母總是三番二次地重提「舊帳」，這不是在教育孩子，而是在傷害孩子！

做錯的事已經責備過了就應該「結案」了，不要老是記著孩子以前不好的地方，讓孩子覺得他在父母面前永遠無法翻身。**責備孩子應該就事論事，只談眼前，不翻舊帳。**父母不提，孩子自己也有可能會記起曾經犯過的類似錯誤，要把自尊留給孩子，把自省的空間留給孩子。

指點迷津

父母要知道，不犯錯誤的孩子是長不大的。孩子曾經犯了錯，的確不是什麼好事，但是對於孩子的成長而言，這是一種生活體驗，它能告訴孩子什麼事是不可以做的。父母要原諒孩子的過錯，不要動輒翻舊帳。

如果確實需要對孩子的缺點和過失提出責備，我們也盡量就事論事。我們應該替他們設身處地想一下，大人在遇到問題時也不喜歡別人翻舊帳，舊事重提，同樣，我們的孩子也不希望父母在責備他們時「聯想」太多。

責備孩子，最好一次責備一件事情，這樣才能讓孩子明白錯在哪裡，集中注意力改正一件事情。比如，孩子考試成績不理想，我們不妨這樣說：「這次考試成績不理想，想想看是什麼原因呢？」然後坐下來和孩子一起分析一下考試失利的原因，並提醒孩子以後要避免此類情況的再次發生，這就比責備孩子不用功、上課不認真效果要好得多。

我們做父母的，要用長遠的眼光去看待孩子，要注意到孩子取得的每一點進步。孩子犯了錯誤，只要改正了，就不應總掛在嘴邊。責備更應就事論事，不要借題發揮，不能老是「翻舊帳」，否則，會讓孩子覺得永遠無法在父母面前翻身！

六·孩子愛撒謊，父母多反省

一盞心燈

「有怎樣的父母，往往會有怎樣的兒女」。孩子愛說謊大多與父母常說謊和不遵守諾言有關。

教子現場

文文本來是一個誠實可愛的小男孩，但到八歲時卻變成了一個愛說謊話的孩子。這是什麼原因呢？原來是受他媽媽的影響。

文文的媽媽道德修養很差，有時候還愛占點小便宜。有一次，媽媽帶文文去買水果，趁老闆沒注意，悄悄拿了幾個蘋果放在自己提袋裡。媽媽的所作所為都被文文看在眼裡，記在心上。

在家裡，文文的媽媽總讓自己母親做這做那，自己則找藉口出去辦事，其實是帶著文文去朋友家串門子，或者上街閒逛。每次買回來好吃的東西，文文的媽媽總是藏在自己房間裡，不讓爺爺奶奶吃。她還叮嚀文文：「不要和爺爺奶奶說。」

媽媽這樣的行為，對文文的影響極大。久而久之，文文也成了一個愛說謊話的孩子。

「病」由家生

蒙特梭利說：「**說謊是心理畸變中最嚴重的缺點之一**。」一個從小不會撒謊的孩子，長大了很少會撒慌；而一個從小喜歡撒謊的孩子，長大了很難讓他不撒謊。當一個孩子經常把撒謊作為一種逃避責任的方法時，那麼，一旦他感到責任和壓力時，他就自然而然地去撒謊。一旦這種習慣養成，就非常難以更改。所以，對孩子撒謊問題的教育非常重要。

教育家馬卡連柯講：「**忠誠老實不是從天上掉下來的，而是在家庭中養成的。在家庭中也可能教養成為不忠誠老實的人，這完全取決於父母的教育方法。**」撒謊的孩子雖然讓父母頭疼，但究其根本，問題還是出在父母身上！

「有怎樣的父母，往往會有怎樣的兒女」。孩子愛說謊大多與父母常說謊和不遵守諾言有關。比如孩子剛上幼稚園，可能因為不想離開媽媽，或是別的什麼原因，於是總哭鬧著不肯去。為了騙孩子去上學，父母就總跟他說：「今天就去一次，明天就不去了」。可事實並非如此。久而久之，孩子無形中就從父母那裡學會了說謊。故事中的文文之所以會成為一個愛說謊話的孩子，正是受他媽媽的影響。

當孩子撒謊時，有的父母不由分說，一頓拳腳，或者一頓大罵，以為這樣可以產生教育的作用。然而許多事實證明：父母不去仔細調查、分析孩子撒謊的原因，而不分青紅皂白地斥責和毒打孩子，往往會事與願違。打罵是解決不了什麼問題的，只會加深孩子對懲罰的恐懼，也許他的下一次說謊會更加巧妙、更加天衣無縫。

父母對孩子及他人說謊的態度，對孩子的影響也不可忽視。比如孩子說謊了，父母沒有及時指出來並給予責備教育，沒有提出自己正確的態度。孩子就無法形成一個是非標準，並認為說謊沒有什麼錯。

因此，只要孩子撒謊的事件發生了，對父母就是一個很嚴重的警告。面對孩子的謊言，我們應該首先對於孩子撒謊做一下具體的分析，弄清他們撒謊的原因，然後再採取合理的方式教育他們。

指點迷津

許多父母都曾為孩子撒謊而苦惱過。那麼，父母應該怎樣對待孩子撒謊呢？

1 父母應以身作則

孩子的模仿能力是很強的，父母說句謊話，自己可能認為算不了什麼，但這可能就會成為孩子撒謊的範本。因此，父母應以身作則，平時謹言慎行，作好孩子的表率。

有一天，十歲的依婷正在與爸爸媽媽一起吃晚飯，媽媽教導她不要說謊。這時電話鈴突然響了，媽媽過去接了電話。電話是打給爸爸的，爸爸當時就在桌前吃飯，但媽媽卻對打電話的人說他不在。

依婷媽媽這種說一套做一套的做法，很可能會引起孩子的反感，並且使孩子有了正當的理由不再相信父母了。即使依婷媽媽的動機是想讓依婷爸爸能高高興興、不受干擾地飽餐一頓，但她也不能在孩子面前說謊。依婷媽媽應該對那個人說：「他現在沒時間接電話，過一會回電給您可以嗎？」這樣，她既講了真話，也達到了為丈夫著想和不讓他受干擾的願望，同時也避免了給孩子造成一種雙面人的印象。

2 先聽聽孩子的理由

當孩子說謊之後，父母在責備、打罵孩子前，不妨先聽聽他們的理由，以免冤枉了他們，因為在許多時候，孩子撒謊也是有一定原因的。

林傑是一位品學兼優的學生。他九歲時，因為第一次撒謊，被他父親狠狠地打了一頓。但父親的責打並沒有使他改正錯誤，反而使他變本加厲，不僅時常撒謊，而且每次還都是臉不紅氣不喘。第一次撒謊的經過很簡單：那天是週六，林傑告訴父母要去學畫畫，但媽媽偶然得知那天繪畫班根本就沒開門。晚上，經過父母的再三追問，林傑才告知實情，原來他和幾位同學到植物園去玩了。於是父親大發雷霆……因為林傑說謊的毛病太嚴重，父母只好帶他去看了心理諮商師，當林傑談起自己的第一次撒謊經過之後，諮商師問林傑當時為什麼要撒謊。林傑說：「我在前一天已經答應了同學要去的。」諮商師又追問：「為什麼要撒謊呢？」原來林傑的父母要求對他十分嚴格，林傑知道自己如果直說，很可能會被父母拒絕，這樣他會在同學面前很沒面子和信譽。

其實林傑的謊言背後還有一份誠信。如果父母當時能仔細詢問一下緣由，也許林傑就不會變成一個愛撒謊的孩子。孩子之所以說謊，一定有他的原因，有時是出自美好的願望，有時是一種心理補償，有時是某些不良情緒在作怪，有時卻是為了逃避和耍賴。在了解謊言背後的真實心理之後，父母首先要理解孩子說謊的「苦衷」，然後採取適當的方法，讓孩子以後不再以謊言為手段去滿足他的心理需求，而應該透過正確的途徑去爭取。

3 用故事引導

當孩子說謊時，父母可以講一些有關誠實的故事給他聽，如〈華盛頓砍樹〉、〈手捧空花盆的孩子〉等，使孩子認識到為人誠實的好處。同時，還要講一些因為不誠實而享受苦果的故事，如〈狼來了〉的故事、《木偶奇遇記》的故事等，讓他知道說謊會帶來意想不到的後果，使孩子的心中形成一種輕微的畏懼。這樣，孩子在說謊之前，就會產生忌諱的心理，而避免說謊行為的發生。

4 對主動認錯的孩子要表揚

當對撒謊的孩子進行懲罰時，要明確告訴他，之所以要懲罰他，是因為他的撒謊行為，並告訴他犯錯是難免的，犯錯時應該如何去做。當孩子犯錯後主動承認錯誤時，父母首先要表揚他的誠實，然後再妥善處理他的錯誤。在懲罰孩子說謊行為的同時，應更加地獎勵其誠實的行為，使其誠實的行為得到強化。

5 避免替孩子貼上壞的「標籤」

不能因為孩子一次撒謊，就認定孩子永遠撒謊，不要替孩子貼上「謊話專家」、「吹牛大王」等標籤。這樣做，很容易讓孩子自暴自棄，形成惡性循環。父母應充分信任自己的孩子，父母的信任會使孩子自覺地進行自我約束、自我監督。

6 及時制止孩子的撒謊行為

當孩子撒謊時，父母要及時、明確地指出他的撒謊行為，並告訴孩子應該如何去做。有些父母明明知道孩子在撒謊，卻因為是一些小事而不制止，反而覺得有趣。父母切忌如此。因為這種態度，會強化孩子的撒謊行為。

說謊是孩子心理發育不成熟的表現，它往往是一時的行為，並不能全面反映孩子的品性。在糾正孩子說謊過程中，父母應當根據孩子的心理特點，從關心、愛護孩子出發，區分對待，耐心引導，絕不能簡單粗暴。只有這樣，才能有效糾正孩子的說謊行為。

第七章

告訴孩子，你真棒——將賞識進行到底

一位教育家說過：「不是好孩子需要賞識，而是賞識使他們變得越來越好；不是壞孩子總被抱怨，而是抱怨使他們變得越來越壞。」在孩子的心中，沒有比得到稱讚更好的禮物了。孩子都是有上進心的，如果得到賞識的話，那麼，他們會在情緒上得到滿足，在精神上受到激勵，在思想上產生快感，這樣積極的內心體驗就能增強孩子的自信和自尊。身為父母，我們一定要記住：不會賞識孩子的父母是不稱職的；恰當、適時的鼓勵，是孩子邁向成功的橋梁。

一・數子十過，不如讚子一長

一盞心燈

孩子若缺少父母的讚美，會很容易成為一個缺乏自信的人，成為一個怯懦的人，或者成為怪僻的人，嫉妒或仇視他人的人。

教子現場

香香和麗麗是一對好朋友，也是同班同學，兩個人經常在一起玩。學校放暑假的第一天，香香就到麗麗家來玩，麗麗的媽媽和香香聊起了考試成績。香香驕傲地說自己的各科成績都在九十分以上。「課業總是那麼好，妳真是好孩子。咦，我還沒看見麗麗的成績單呢！不知道考得怎麼樣，麗麗，妳這次考試考得怎麼樣？成績單拿來看看！」

麗麗站在旁邊慢吞吞地答道：「在我書包裡。」看著她沮喪的樣子，媽媽有些生氣了，「是不是又沒有考好？把成績單拿來讓媽媽看看。」成績單拿來了，沒有一科超過八十分，甚至還有一科沒有及格。

「妳真讓我失望，妳的成績為什麼總是這麼糟？妳為什麼不能像香香一樣，妳的讀書環境不比她差，妳就是太懶，上課總是不專心聽講，一點也不知道替媽媽爭氣。」媽媽忍不住大聲數落起來，雖然已經不是第一次在香香面前挨罵了，但麗麗還是很下不了臺，含著眼淚回到了自己的房間。從那以後，麗麗的成績更是一落千丈。

「病」由家生

卡爾．威特說過：「**每個孩子都是天才，宇宙的巨大潛能埋伏在每個孩子身上，但往往是父母親手扼殺了天才的幼苗。**」在生活中，很多父母往往不喜歡正面鼓勵孩子，總是用挑剔的眼光去找孩子的毛病，抓住孩子的一點小小的錯誤，就聲色俱厲地責罵。更可怕的是，用別人家孩子的長處，去比較自己孩子的短處。其實這是很不對的。用這種教育方法去教育孩子，註定是要失敗的。

一位教育家說過：「**不是好孩子需要賞識，而是賞識使他們變得越來越好；不是壞孩子需要抱怨，而是抱怨使他們變得越來越壞。**」孩子幼小的心靈可以承載許多誇獎和掌聲，往往很難承受一點點的責備。如果父母總是愛找孩子的毛病，毫無顧忌地責罵，這樣很可能會傷害孩子的自尊心，增加孩子的心理負擔，使孩子心理扭曲，自信心喪失殆盡，因而自暴自棄、自怨自憐，喪失做事情的勇氣。

教育家還說過：「哪怕天下所有人都看不起你的孩子，做父母的也要眼含熱淚地欣賞他、擁抱他、讚美他。每個孩子的生命都是為了得到父母的賞識而來到人間的。你的孩子是世界上最好的。」這位教育家自始至終都對女兒進行賞識教育。他一直向女兒灌輸「妳很優秀，妳很棒」的觀念，最終激發了女兒無窮的潛力，使一個聾啞孩子，取得了很多正常孩子都無法取得的成就。

美國行為主義心理學家梅格．安妮說過：「**賞識孩子意味著什麼？一個賞識的微笑，就好像陽光照在含苞待放的花朵上。賞識是熱愛生命、善待生命，是孩子生命的無形陽光、空氣和水。**」每一個孩子都有上進心，包括那些缺點、毛病很多的孩子，都希望得到讚美、肯定和鼓勵。當他們由於進步或是做了好事，而受到父母的讚美和鼓勵時，他們會在情緒上得到滿足，在精神上受到激勵，在思想上產生快感，這樣積極的內心體驗就能增強孩子的自信心和自尊心。而自信心、自尊心、上進心的培養是促進孩子健康成長與成才的根本。

清代教育家顏元曾說：「數子十過，不如獎子一長。」這個原則對於任何孩子都是適用的，對那些表現不太好的孩子來說，尤其要少責備，多鼓勵，多表揚。這對孩子的成長是十分重要的。

指點迷津

《學習的革命》一書中有這樣一句話：「如果一個孩子生活在鼓勵中，他就學會了自信；如果一個孩子生活在認可中，他就學會了自愛。」父母肯定孩子，孩子才會自信。哪怕孩子有一點點進步，都要給予鼓勵、誇獎。孩子亂摔東西，過去還跟父母頂撞；今天儘管他還是亂摔東西，但沒有與父母頂嘴，這就應該鼓勵。孩子老不愛做作業，儘管今天仍然是不情願地做作業，但畢竟拿筆坐下來了，這也應該鼓勵。得到鼓勵之後，孩子會更加努力。

當然，我們在鼓勵或讚美孩子時，應當讚美其行為，而不應含糊其辭地讚美其整個人。如「我兒子真棒」、「我女兒真聽話」、「你這樣做真是好孩子」……孩子是分不清行為與整個人的關係的。如果我們讚美孩子整個人，他會理解他自己什麼都行。這就是很多孩子為什麼受到某些讚美後，會洋洋自得的原因。比如孩子今天做到了認真做作業，我們應表揚「今天你做作業真認真」，而不是表揚「你真用功」。

陶行知說過：「教育孩子的全部祕密在於相信孩子和解放孩子。相信孩子，解放孩子，首先要賞識孩子。」希望被他人賞識與讚美，是絕大多數人所共有的心理需求。孩子們在成長過程中對賞識與讚美的要求則更為強烈。在孩子的心中，沒有比得到稱讚更好的禮物了。身為父母，我們一定要記住：不會賞識與讚美孩子的父母是不稱職的。

二・捕捉孩子的亮點

一盞心燈

多數父母對於身上有些缺點的孩子總是抱有成見、偏見，即使孩子有正向的條件也視而不見。抱著這種態度和情緒教育孩子，只能是責備來責備去，孩子的進取心和精神支柱也會在父母無休止的責備中被銷蝕殆盡。

教子現場

有一天，一位七歲的小女孩問她的媽媽：「我個子這麼小，長得也不漂亮，而且還沒有什麼特長，不像其他的小朋友，唱歌跳舞、彈琴下棋都會，如果以後沒有人喜歡我該怎麼辦？」說著說著，眼淚都要掉下來了。

媽媽見到女兒的可愛模樣，趕緊摟在懷裡，並安慰道：「好女兒，妳可不能這樣小看自己！一個人的才能有的看得見，有的卻看不見，別人表現出來的東西妳的確沒有，但是妳善良、堅韌、不怕吃苦、不畏困難，這些優點是別人所沒有的。孩子，妳要記住，這些優點將讓妳受益終生。它們就是妳深藏不露的能力。時候一到，自然就能顯露出來。所以，妳現在不用擔心。」

孩子雖然年紀小，沒有完全聽懂媽媽的話，但是笑容已經在她的臉上慢慢綻開了。與此同時，在孩子幼小的心靈深處，一種叫做信念的東西已經慢慢滋生。

「病」由家生

有一位心理學家拿了一張白紙，並隨意在白紙上點了一滴墨漬，然後問他人看到了什麼，幾乎每一個人都說看到了一個黑點。如果說白色是優點，黑色是缺點，我們做父母的，大多數只看到黑色，挑剔的目光總是緊緊地盯著孩子那一點點缺點，卻對一大片優點視而不見。

每一個人都希望得到別人的賞識和認同，孩子也不例外。有人對某小學進行過調查，結果顯示，超過百分之八十的學生表示：看到父母稱自己「親愛的孩子」或「心愛的寶貝」時會感到溫馨！但事實上，許多父母在教育孩子方面多少有些心理錯位，總是捨不得讚美孩子的優點，而是盡心盡力去找孩子的不足之處。

有些孩子喪失上進心，並不是因為他們不求上進，而是因為他們在取得一些進步並表現出自己有上進心的時候，得不到父母的重視與鼓勵。而當他們不經意表現出自己的缺點和不足之處時，卻會遇到父母不顧場合、不講分寸、無休止的喝斥和打罵，或者是一而再、再而三地責備、嘮叨。

的確，很多父母對於身上有些缺點的孩子總是抱有成見、偏見，從感情上就討厭，即使孩子有正向的條件也視而不見。抱著這種態度和情緒教育孩子，只能是責備來責備去，這樣做，只會徹底擊垮孩子的自信心，使孩子的進取心和精神支柱在父母無休止的責備中被銷蝕。

資訊時代要求教育要培養有個性，有自信的孩子。一個好的父母，必須發現一個孩子與其他孩子的不同，並找到他的亮點。

陶行知早年曾創辦過一所小學。有一次上課時，他發現一個男孩用紙團砸前面的同學，於是趕緊制止，並告訴他，下課後到校長辦公室去一趟。

當這個男孩忐忑不安地來到陶校長辦公室時，卻發現裡面並沒有人，於是就站在門口等著。過了一會兒，陶行知回來了，他對這個男孩說：「你很遵守時間，為了獎勵你，我獎給你一塊糖。」說著，他掏出一塊糖塞給孩子。

孩子慌忙地接過，陶行知又掏出一塊糖說：「剛才你在課堂上砸人，我一制止，你就停了，這是對我的尊敬，我再獎勵你一塊。」孩子望著老師，疑惑不解。這時陶行知又掏出了第三塊糖，接著說道：「剛才我調查過了，你之所以砸那個同學，是因為他欺負了別的同學，這說明你有正義感，我再獎勵你一塊。」

這時，孩子雙手捧著糖，已經淚流滿面：「陶校長，是我錯啦！你懲罰我吧，我打自己的同學，就是不對。」陶行知又掏出第四塊糖：「你認識到了自己的錯誤，再獎勵你一塊。」孩子拿著糖，含著愧疚的眼淚離開了校長辦公室。

有一句話說得好：「**好孩子是誇出來的。**」在某些缺點很多的孩子身上，亮點可能表現得不太明顯，甚至是潛在的，很難發現。要找到他的亮點，父母必須努力克制自己無益的感情衝動，用期望、信任和鼓勵的態度來激勵他。只有這樣，才能讓有缺點的孩子有進步的動力，使其自覺地改正自己的缺點。每個孩子身上都有亮點，如果讓這些「光」閃爍起來，將會影響孩子一生的成長。

指點迷津

每一個孩子都有自己的長處，孩子在這方面比別人差，可能在另一方面要強過別人，這就是孩子身上的亮點，父母要善於發現孩子身上的每一個亮點。孩子也許功課不好，但對音樂卻有敏銳的感覺；也許有點任性，但是做事很有主見；也許貪玩一點，但是頭腦靈活，能說會道；也許寡言少語，但是成績非常好，而且心地善良……只要我們善於去發現，就一定能看到他身上值得肯定的地方。

一位小學生字寫得很難看，老師在他的作文本上批道：「字寫得真難看！」他的媽媽看到這個評語，也指責孩子字寫得太難看，本來孩子也知道自己的字寫得不好，正想努力練練字，但一看老師和媽媽都說自己的字寫不好，也就放棄了。

同樣是面對一位字寫得很糟的孩子，另一位老師卻在他通篇的作文裡圈出幾個寫得很工整的字，批道「漂亮」！媽媽看到了，也高興地對他說：「原來你也可以寫出這麼好的字！」孩子看到老師和媽媽的表揚，信心大增，從此勤練書法，終於練就了一手好字。

有位詩人曾說過：「如果一朵花不美，就請欣賞它的葉子；如果葉子不美，就請讚美它的枝幹；如果枝幹不美，就請讚美它的根基；如果根基也不能使你產生情感的衝動，那麼你總該為它是一個蓬勃的生命而謳歌！」

每個孩子都有可愛的一面，我們要用賞識的眼光仔細觀察他，即使孩子非常平凡，我們也能發現他四射的魅力、他的亮點。然後透過言語的激勵，使其個性特長得到充分發展。有時父母一個讚許的目光，一句欣賞的話語，對孩子來說都是強大動力，可以讓他重新找回自信。

三·替孩子貼上正面標籤

一盞心燈

孩子一旦被貼上了某種消極標籤，也許他將一輩子生活在這些標籤的陰影下。

教子現場

甯甯的各項表現都不好，成績很差，上課注意力不集中。甯甯的媽媽以為孩子的智力出現了問題，於是帶著甯甯到醫院進行智力測試，結果發現甯甯的智商完全正常。這就讓甯甯媽媽搞不懂了，既然孩子的智商是正常的，為什麼表現卻這樣不盡如人意呢？

醫生經過仔細詢問發現，原來最開始甯甯的表現是很好的。出於謙虛的心態，當有人稱讚甯甯時，甯甯的爸爸媽媽總是跟人說：「孩子表現得沒有那麼好」、「沒有那麼聰明，很一般」，完全沒有意識到自己的言語已經對甯甯形成了心理暗示。

此後，當甯甯的表現開始變差時，甯甯的爸爸媽媽便經常當著甯甯的面跟人抱怨：「孩子很笨」、「成績不好，上課不專心」，不自覺地替甯甯貼上了「智力低下」的標籤。結果，甯甯的成績更是下降得厲害，也越來越不喜歡聽課，並開始擾亂課堂秩序等等。

「病」由家生

在心理學中，把替某人貼上某種「標籤」，容易導致此人產生與標籤相一致的行為的現象，稱為「貼標籤效應」。美國心理學家貝克（Howard Becker）說過：「**人們一旦被貼上某種標籤，就會成為標籤所標定的那種人。**」故事中的甯甯之所以會出現一系列改變，正是起源於她爸爸媽媽給予的層層負面標籤。

孩子的情感態度都是直接的，我們給他貼上什麼標籤，他就會做出與標籤一樣的事情來。比如，我們說他是個乖孩子，他就是個乖孩子，他就會表現出乖的舉動來；我們說他是個不聽話的孩子，他就會打人、罵人，做出一些讓人生氣的事情來。所以，父母在教育孩子的過程中，為了充分地促進孩子的健康成長，應該經常給孩子貼些具有激勵作用的標籤，而不應給孩子貼那些消極的標籤。

可生活中總有一些父母會給自己的孩子貼上消極標籤，比如，有的父母對孩子要求過高，當孩子無法達到時，父母就很失望，認為孩子「腦子笨」，就經常責罵他「大笨蛋」、「不是讀書的料」；孩子撒了一次謊，父母很生氣，往往會說：「你這孩子怎麼老愛撒謊」；孩子起床後不折被子，父母往往不耐煩地說：「你真是隻大懶蟲」……這等於在無形之中替孩子貼上了「我不行」的標籤。這種不良的標籤會使孩子產生「我確實不行」的感受，並且對自己的能力產生懷疑，進而對自己失去信心，朝著標籤所指的方向「發展」。

也許有的父母會說，替孩子貼上負面標籤，只是激將法，是希望他變得好一點而已。這是一種錯誤的觀點。激將法對大人或許有用，但對孩子卻是很難奏效的。因為孩子年齡小，獨立性有限，對父母的說法易於認同，很難產生「你說我不行，我非要把它做好了」的想法。美國作家海倫．考爾頓說：「**有一點家長要明白，孩子是十分看重我們對他們的行為反應的。因此應格外謹慎地說出我們對他們的評價。**」

有一個小男孩，本來是很羞怯的，一次偶然的機會，他在自家社區裡大聲叫了一位爺爺。這位爺爺是一位退休的老教師，非常喜歡孩子，經常和孩子們一起玩。從那以後，這位老教師經常故意當著小男孩的面，誇他非常大方，喜歡叫人。小男孩的爸爸媽媽也跟著這樣說。不到一個月的時間，原本羞怯的小男孩徹底變了樣。只要在路上碰到認識的人，老遠就打招呼。

孩子的內心是敏感的，他們還沒有很好的是非判斷能力，容易受外界的影響，這就需要父母一定要設法保護好孩子稚嫩的心靈。因此，父母對有缺點、壞習慣、壞行為的孩子，千萬不能動輒貼上負面標籤。相反地，應該及時替孩子貼上正面標籤。哪怕是一個讓人傷透腦筋的孩子，也不要放棄，找到一個優點，把這個優點放大，貼在他身上，他就會向著我們期望的目標一步一步靠近。

指點迷津

孩子一旦被貼上了某種消極標籤，也許他將一輩子生活在這些標籤的陰影下。身為父母，不管在孩子的面前或背後，都請不要給他貼上消極標籤。

孩子的很多行為，例如頑皮、好動甚至一些超出常規的舉動，這些表現多為孩子天性使然，即使有一些不良行為，往往也是一種無意識行為或是對成人的簡單模仿。所以，切忌動不動就對孩子的行為貼上「壞」的標籤。如果那樣，很容易使孩子自覺不自覺地按標籤行事。

比如，當父母經常當著孩子的面對別人說：「我這孩子只愛聽故事，不愛講故事；愛亂畫，不愛寫字；膽子大得誰都不怕……」結果，孩子上學後，不願回答老師的提問，愛自己亂畫，不願寫字，並且常常不顧老師的勸阻和責備而破壞紀律。再如，父母老是對別人說「我家孩子太內向了」，那麼孩子就更加不好意思，不敢說話了，就算某個時候想說話，一想到自己在別人眼裡已是那樣的形象，就馬上嚥了回去。

做父母的，與其粗暴地對孩子的某次行為做出以偏概全的論斷，使孩子心理受創傷進而影響行為，不如從各方面去觀察，用放大鏡盡力找出孩子的優點，時刻看到他們的進步，用好的標籤去鼓勵他們發揚優點。那麼，「笨孩子」就有可能悄悄地變成「聰明孩子」，一個「愛撒謊的孩子」就有可能變成一個「誠實的孩子」。

由於種種原因，以前我們父母可能給孩子貼過這樣那樣的消極標籤。我們現在需要馬上撕下來！儘早消除那些有可能對孩子心理發展帶來直接或間接影響的消極標籤，用積極的標籤替代原來的消極標籤，以激勵其自尊心和自信心，讓他們逐漸將「壞孩子」的帽子拋在腳下，找到自己的座標，努力前進。

四．表揚孩子要及時

一盞心燈

如果父母沒有對孩子的成績表示出及時的關注，會讓孩子感到失望，而這種失望很可能會讓他們失去繼續努力的動力。

教子現場

有一位爸爸，以前表揚孩子，總是習慣有空的時候再表揚。比如，當自己與孩子散步時，提起孩子哪件事做得好，表揚他一番。可後來爸爸卻發現，這種馬後炮式的表揚效果並不佳，孩子對自己的表揚就像沒聽見似的。更令他沮喪的是，有時候當自己提起孩子做過的一些值得表揚的事，他似乎都忘了。

於是，這位爸爸便試了試及時表揚，結果發現效果很不一樣。有一天，爸爸下班回家後，正看見孩子在廚房幫他媽媽做事，又是洗菜，又是剝大蒜，於是馬上表揚孩子說：「兒子今天可真懂事，懂得幫媽媽分擔家務了。」孩子聽到表揚非常開心，完全不像過去那樣無動於衷，而且做得更起勁了。

令爸爸沒想到的，這次及時表揚還產生了「擴展效應」。孩子到了外婆家，也主動幫助挑菜、洗菜。外公說不用他做，要他去玩。孩子說：「不行！我要做，爸爸那天都稱讚我懂事了。」

爸爸看著孩子忙碌的態度，深深體會到：表揚孩子真是機不可失，時不再來啊！

「病」由家生

孩子因為年齡小，行為具有無意性的特點，他們往往不知道也不考慮自己行為的好壞和後果，而且大多數孩子會在行為結束後很快忘記。所以，**當孩子做了值得表揚的事情，父母應該及時給予熱情的賞識和讚揚，這樣才能給孩子留下深刻的印象，對孩子產**

生激勵的作用。

有一所小學的校長曾經做過一個實驗：當期末考試成績出來以後，他分別在不同時間內對兩個班級考試成績差不多的兩組孩子給予表揚。

對第一組孩子，在考試成績出來的當天，校長就表揚他們說：「成績考得不錯，你們都很聰明，繼續努力！」對第二組孩子，一直等到下學期開始之後，校長才對他們說：「你們上學期考試成績不錯！這個學期繼續努力！」

一個學期結束之後，第一組孩子因為受到了及時的讚揚和鼓勵，課業成績又更上一層樓。他們都認為是校長的讚揚給了自己信心，讀書動力更充足了。而第二組孩子的課業成績大部分仍然在原地踏步。雖然校長也給予了讚揚，但因為時間相隔太久，他們根本沒有察覺到這種表揚，因此，他們的讀書積極性也並沒太大的變化。

從這個故事可以看出，及時賞識和讚揚孩子，比事後再給予讚揚所產生的作用要大得多。在孩子取得成就以後，及時給予賞識和讚揚，這時候最能激發出孩子的潛能，孩子也最容易從讚揚和鼓勵中獲得繼續努力的動力。有時候，孩子需要的不僅僅是父母一句讚揚的話，他們更需要得到父母的重視和關心。如果父母對於孩子取得的成績沒有表示出及時的關注，會讓孩子感到失望，而這種失望很可能會讓他們失去繼續努力的動力。

及時的表揚猶如生病及時服藥一樣，對孩子會產生很大的作用。因此，我們一旦發現孩子有好的行為，就應在第一時間把讚揚和肯定傳遞給孩子，讓孩子感覺到父母發自內心的賞識和期望，因而滿懷自信地面對課業和生活。

指點迷津

身為父母，及時對孩子的成績給予積極評價，告訴孩子我們因為他的成績而自豪，這將是對孩子極大的鼓舞。因此，當孩子在生活和課業中取得哪怕一點微小的成績，我們都不要置之不理，也不要等事後再讚揚孩子，而應該把握機會，及時由衷地讚揚孩子。同時表現出我們的喜悅心情，讓孩子感受到是他的良好表現使父母感到高興。

當孩子出色地完成了某一件事情，比如一個打掃了房間，剛剛畫了一幅畫，一般會興奮地馬上告訴父母，希望得到父母的肯定。這時，也許我們正忙著炒菜，或正忙著拖地，或正在看一則網路新聞。那麼，我們要盡量停下手中的工作，真誠地給孩子讚美和鼓勵：「你真厲害，家裡乾淨多了。」、「你畫得真棒，很有想像力。」相信這些及時地讚揚會讓孩子更加快樂和自信。

我們在表揚孩子時，也不一定都要直接說誇讚的話，還可以借助於身體語言。比如摸摸頭，拍拍肩膀，親吻一下，送他一個微笑的眼神等等。這些動作，更容易讓孩子感動，更容易產生積極效果。

當然，孩子雖然取得了一定的成績，也總會有一些不足的地方。因此，我們在肯定孩子，給孩子表揚的同時，也別忘了向孩子提一點要求，讓孩子在原來的基礎上做得更好。如對於堆積木的孩子，我們可以說：「嗯，這個房子蓋得真不錯！有門有窗，進出方便，光線也充足。但是如果下次蓋的時候，能把房子蓋得牢固一點，牆蓋得直直的，那就更好了！」

日本著名教育家鈴木鎮一說過：「對孩子的讚美和賞識不是無原則的，而應該是運用科學的、適用的方法，使孩子切實受到深入人心的鼓舞。」孩子在成長過程中，尤其需要賞識。及時的表揚和誇讚，有助於增強孩子的自信，提升孩子的智商和情商，塑造孩子良好的品德和行為。

五・表揚孩子不要過了頭

一盞心燈

過度、過分的讚揚，往往會讓孩子產生一種錯覺：覺得自己就是最好的。於是他們看不到自己的缺點，也不能正確認識自己所做的事。將來也未必能經受住挫折和責備。

教子現場

涵涵是小學三年級的學生，聰明好學，成績非常好。這次期末考試又是全班第一名，因此受到了很多人的誇獎。老師稱讚涵涵是班上同學學習的榜樣，將來肯定很有前途。父母更是欣慰，笑在臉上，甜到心裡。爺爺奶奶聽到後，樂得滿臉的皺紋都舒展開了。

吃晚飯的時候，奶奶誇獎她的乖孫子：「涵涵啊，又考了第一名，真不愧是奶奶的好寶貝啊！」涵涵一聽，頓時眉飛色舞：「奶奶，我這麼聰明，其實我都沒怎麼複習，就考了個第一名。」

這時，涵涵的爸爸一聽，覺得孩子有點得意過頭了，看她那得意忘形的樣子真想說她兩句，但最終還是忍住了，準備飯後再說。

晚飯後，爸爸把涵涵叫到身邊，問她班上其他同學考得怎麼樣。原來第二名僅和她差一分，而且這次考試，大家的成績普遍都很好。於是爸爸告訴她，如果她不再加油，下次的第一名可能就不是她了。她不能沾沾自喜，稍一鬆懈就可能被別人超過。

涵涵聽完爸爸的勸告，點了點頭說：「爸爸，謝謝您的提醒，我知道了。課業再好，也不能驕傲，我會更加努力的！」

「病」由家生

卡爾．威特說過：「**我們不能讓孩子在受責備的環境中成長，但是也不能讓他們整天泡在讚美裡。**」雖然讚美孩子會使孩子開心，可以建立他們的自信心，也能讓孩子因為這種讚美而更聽話。但是，並不是事事都要讚美，也並不是讚美越多越好。法國心理學家高頓教授經研究證實：孩子從來沒受過責備，到處都是讚揚聲，很容易變成小霸王，不知道什麼是對的，什麼是錯的，是非不分，這對他的心理健康發展是毫無益處的。

平時對孩子表揚、誇獎過多，使孩子在一片讚揚聲中長大，會使孩子成為愛虛榮、驕傲自滿、自以為是的人。一些潛能很好的孩子長大以後之所以沒能有所成就，正是源於孩子的驕傲自滿、狂妄自大。如果孩子得到了太多的表揚，就會養成不願意努力就想得到誇獎的心理。因此，遇到困難容易缺乏信心，因而選擇退卻或者放棄。

卡爾・威特對於兒子的善行，他會加以表揚。儘管如此，他仍然提醒其他父母：「不要對孩子過多表揚，也不要表揚過頭。原因之一是隨便表揚，表揚也就失去了作用。原因之二則是不讓他自滿。」**大量的溢美之詞並不能幫助孩子樹立長期的自信心，反而會讓孩子在父母的表揚聲中自我陶醉。**

因此，父母在表揚孩子時一定要適可而止。要記住，讚美，只是對孩子努力的肯定，也許只要那麼一點點就夠了。

指點迷津

每個人都有被肯定被表揚的需求，孩子更是這樣。表揚對孩子的成長產生非常重要的作用。正確、有效的表揚，能夠從正面引導孩子的心理朝著父母希望的良好方向發展。那麼，父母怎樣做才能使表揚更有效呢？

1 表揚孩子要適可而止

父母要記住：讚揚孩子必須適度，不要過於頻繁。因為隨便表揚，表揚也就失去了作用。長此以往，孩子會覺得表揚毫無價值。如此得來的自信，是盲目的自信，不會持久。而且，一些被表揚慣了的孩子，有一點好的表現，沒被注意到，就會感到委屈，有缺點還不願意承認，這樣對孩子的成長會非常不利。

比如，為了培養孩子按時完成作業的好習慣，起初，父母一旦發現孩子有進步了，一定要看準時機，用力表揚。慢慢地，當孩子習慣了父母的表揚聲時，則需要減少表揚的次數。而且，表揚的間隔時間要長一些。直到孩子取得相當大的進步或成績時，再對其給予表揚。只有這樣，才能發揮表揚的作用。

2　表揚孩子一定要具體

對於孩子來說，表揚不能太籠統、模糊，不能簡單地用「你真是一個好孩子」、「你真棒」這樣的一般讚語，而是要告訴他，哪裡棒，為什麼棒。對孩子的表揚越具體，孩子對哪些是好行為就越清楚，孩子就越容易找到努力的方向。

比如，當孩子起床後，主動收拾好床鋪，如果媽媽只是表揚說：「你做得很好。」孩子可能不清楚自己的什麼舉動得到了媽媽的誇獎，可能會產生錯誤的理解。我們應該說：「你起床後能把床收拾得很整齊，真是太好了！」這樣的表揚會讓孩子知道究竟哪一種行為受到了表揚，孩子也好遵循和發揚好的行為。

再比如，孩子一個人在家打掃環境。媽媽看了，心裡雖然很高興，但只需要對他說：「家裡收拾得真乾淨，媽媽沒想到你這麼能幹。謝謝你，孩子！」這樣就可以了。像「你實在太棒了」、「你今天表現得不錯」這樣的話，就不如前面的合適。

3　應表揚孩子的後天努力，而不是先天條件

一位朋友到北歐某國一位教授家中做客，看到教授五歲的小女兒金髮碧眼，極其美麗。於是忍不住誇獎女孩說：「妳長得真漂亮，可愛極了！」小女孩禮貌地道了謝。

教授等女兒離開後，嚴肅地對朋友說：「你這樣做傷害了我女兒，你應該向她道歉。」

朋友聽了大吃一驚，因為在國內普遍都接受這種讚美方式。

教授說：「你是因為她漂亮而誇獎她，但漂亮並不是她的功勞，基本上與她個人的努力無關。你這樣誇獎她，孩子很小，不會分辨，她會認為這是她的本領。而她一旦認為天生的美麗是值得驕傲的資本，就會看不起長相平平甚至醜陋的孩子。你應該誇獎她的微笑和有禮貌，這是她自己努力的結果。」

我們從這件事上可以看出，表揚孩子時，一定要表揚孩子自身的努力，而不是其先天條件。先天的條件再好，也不值得炫耀，而後天的努力是孩子自己爭取的，是可以得到別人的肯定和表揚的。

孩子的生活離不開父母的鼓勵和表揚，但表揚是一門藝術，我們需要好好把握。對待孩子的表揚一定要適中，一定要掌握好「火候」，把握好輕重。

六・珍惜孩子的好奇心

一盞心燈

父母的粗暴、忽視、干涉和誤解，會在很大程度上傷害孩子的好奇心。長此以往，有可能使孩子失去探索周圍事物的興趣，變得膽小怯懦、麻木不仁，缺乏強烈的求知欲望。

教子現場

有一天，一個五歲的小男孩在院子裡的沙堆上玩著。他一會兒用小手抓揉沙子，一會兒拿草莖插在沙堆上。

就這樣玩了幾分鐘後，小孩子突然站了起來，然後往左右看看，似乎還有什麼不滿意的地方。他用手摸了摸腦袋，居然脫下褲子朝著沙堆撒起尿來。尿完後，迫不及待地蹲下去，用兩手攪拌著那些被尿溼了的沙子，臉上露出了欣喜的笑意。

這時，媽媽很快從屋裡衝了出來，大聲喊道：「天哪，你怎麼這麼調皮！這麼髒的東西你也玩？快停下來！」小男孩聽到媽媽的叫喊聲，於是停下雙手抬起頭來，迷惑地望著媽媽……

「病」由家生

對於孩子的「淘氣」，大多數父母一般都認為是不懂事的表現，於是或嚴厲斥責，或置之不理。殊不知，孩子正是透過他們的淘氣行為在探索、檢驗自己一些異想天開的想法！這些想法和行為正是孩子好奇心的表現。

好奇是孩子的天性，也是他們勇於探索新知，勇於創新的動力。一個富有好奇心的人能夠保持旺盛的求知欲，在獲得知識的過程中體驗樂趣，這種樂趣又會激勵他勇於探究未知的領域。被譽為「發明大王」的愛迪生，一生有兩千多種發明。他在小時候就有一顆好奇心，探索欲望非常強烈，也非常淘氣。如果你的孩子也是這樣，我們可從保護孩子的好奇心開始，培養他們勇於探索的精神。

為了自己的孩子能夠成才，很多父母不惜花錢讓孩子上各種各樣的才藝班，向孩子講述成功人士成長的經歷，希望藉此找到孩子的成才之路。但他們可能不知道，也許僅僅是對孩子興趣和好奇心的一點點不耐煩或責備，就可能斷送孩子一生成功的機會。

我們想一想，如果孩子對什麼都不好奇，都無所謂，那他還會需求什麼呢？就像前面故事中的那個小男孩，他之所以會在沙堆上撒尿，然後去玩，是因為他想探索一下溼沙子和乾沙子有什麼不一樣。而媽媽的粗暴、忽視、干涉和誤解，將會在很大程度上傷害了孩子。長此以往，就有可能使孩子失去探索周圍事物的興趣，變得膽小怯懦、麻木不仁，缺乏強烈的求知欲望。

在英國的一座博物館中，有兩幅藏畫格外引人注目：一幅是人體骨骼圖，一幅是人體血液循環圖表。這兩幅畫是當年一個名叫麥克勞德（John James Richard Macleod）的小學生的作品。

麥克勞德小時候是一個好奇心非常強的孩子，凡事總愛追根究柢。有一天，他突然想看看狗的內臟是什麼樣的，於是偷偷地套住一隻狗，將其解剖後，把內臟一個一個割離，仔細觀察。

但令他沒想到的是，這隻狗竟然是校長家的，而且是校長十分寵愛的狗。當校長知道此事後，甚為惱火，決定嚴加懲罰，否則，以後還不知會做些什麼超出常規的事。經過反覆考慮，權衡利弊得失，校長採取了一個十分巧妙的處罰辦法：罰麥克勞德畫一幅人體骨骼圖和一幅血液循環圖表。

這位校長是善良的，也是明理的。雖然他心裡非常生氣，但他並沒有打罵麥克勞德，因為他不想破壞孩子的好奇心和探索精神。麥克勞德也果然不負眾望，長大後成為了一位有名的解剖學家。麥克勞德還與醫學家班廷（Fredrick Grant Banting）一起，研究發現了以前人們認為不可醫治的糖尿病的胰島素治療方法，兩人於1923年榮獲諾貝爾獎。

如果當初這位校長對麥克勞德只是簡單粗暴地加以訓斥，並通知父母要他賠償狗，那就有可能把麥克勞德身上發光的探索欲、好奇心一同砍伐殆盡，麥克勞德後來也許就不會成為有名的解剖學家。相比之下，我們許多父母對孩子錯誤的處理，往往簡單生硬，不善於保護孩子的積極性，甚至做了扼殺他們好奇心的蠢事。

兒童心理學家指出：凡是因好奇心而受到獎勵的孩子，都願意繼續進行某種試驗和勇於探索，有助於培養孩子的創造、創新思維能力。

著名教育家陳鶴琴曾說過：「**好奇動作是小孩子得到知識一個最緊要的門徑。**」因此，身為父母，我們要注意傾聽孩子的問題、想法，尊重孩子的觀點，積極地引導孩子的好奇心，培養孩子獨立思考、探索新知的能力。

指點迷津

因為好奇，所以探索。多一份好奇，多一份探求，就多一份收穫。好奇心是上天賜給孩子最切實最寶貴的特質，是驅使孩子去認識世界、改造世界的動力，也是孩子成長的第一步。因此，我們要呵護孩子的好奇，鼓勵孩子的好奇，培養孩子的好奇。

父母要想真正做到珍惜孩子的好奇心，需要注意以下幾點：

1 不用處處擔心孩子出亂子

不要限制孩子對周圍環境的探索愛好。孩子天生好動，難免會有一點危險，但父母不能僅僅為了孩子的安全，處處干涉、限制孩子的活動，這樣做，會禁錮孩子智力的延伸，會束縛孩子個性的發展。例如爬樹，不能說一點危險也沒有，若因此而禁止爬樹，就會奪去孩子了解樹木以及樹木與他身體接觸的機會。

父母處處擔心孩子出亂子，這是父母懦弱膽怯的表現，它會無聲地傳遞給孩子，被孩子所繼承、仿效。父母可以和孩子多逛逛遊樂園、動物園，到大自然去看一看，這些戶外活動更容易引發孩子的好奇心，是培養孩子創造精神的好環境。

2 鼓勵孩子開動腦筋

雖然我們鼓勵孩子大膽提出問題，但也不能總是不厭其煩地回答孩子提出的問題，這樣做，就會使孩子對父母產生依賴性，認為有問題問父母就可以了。因此，父母應該鼓勵孩子遇到問題要動腦筋，認真思考，查閱相關資料，自己尋找問題的答案。

3 原諒孩子的破壞力

很多孩子對新買來的玩具，總是愛不釋手，甚至會把玩具拆開，想看看是什麼東西能使小汽車自動地跑，什麼東西使小鬧鐘定時響。這時，我們千萬不要認為孩子是在故意搞破壞、搗蛋，來強硬制止孩子。應盡量為孩子提供方便，不要因怕弄壞東西而粗暴制止，應引導孩子將物品的零件裝配起來，恢復原樣。同時，告訴孩子什麼東西能拆、能摸，什麼東西不能拆、不能摸（如電器）。這樣才不至於泯滅孩子寶貴的探索精神，讓他們的求知欲得到滿足。

4 父母也應做一個富有好奇心的人

幼稚園的創始人、德國教育家福祿貝爾說：「孩子就是我的老師，他們純潔天真、無所做作，我就像一個誠惶誠恐的學生一樣向他們學習。」如果父母能放下大人的架子，和孩子一起用新奇的眼光來看待這個世界，我們的熱切、我們的渴望將會極大地感染和促進孩子更加富有好奇心和探索精神。

淘氣是孩子的天性，是好奇心驅使下的行為，是孩子認識世界、探索世界的起點和動力，對他們創造性思維的萌芽，我們應加以保護和引導，給他們以廣闊的自由天地。

第八章

該鬆手時就鬆手——還孩子一片自由的天空

每個人都嚮往自由，對於孩子來說，更是希望自己有一片自由的空間！美國心理學家戴爾說過：「孩子需要一定的空間去成長，去試驗自己的能力，去學會如何對付危險的局勢。不要為孩子做任何他自己能做的事。如果我們過多地做了，就剝奪了孩子發展自己能力的機會，也剝奪了他的自立及信心。」因此，父母一定要還給孩子自由，讓他們自己去發揮。有了自由，孩子就能擺脫我們狹隘的界限；有了自由，孩子就能去自動實行我們想不到的「神奇」的發展方式。

一・愛不是限制自由——被愛也有自主權

一盞心燈

孩子的發展在於自身，而不是父母能夠完全決定和左右的。失去自由思想、自由行動的孩子，他們的天性，他們的發展，是肯定要被窒息的。

教子現場

有一位國三的學生，課上到一半時突然不見蹤影。老師發現後，發動全校學生緊急尋找。最後，在樓頂的水塔邊找到了他。

這位學生說，自從上了國三以後，每天不是考試，就是念書，已經疲乏得像一個機器人了。回到家裡以後，更是放鬆不了，稍微休息一下就會被父母訓斥，就連吃飯時看一下電視也會被訓斥。

他覺得自己每天都是念書、考試、挨罵，沒有一點自由的時間和空間。這種生活讓他煩了、累了，因此就想到了一死了之。

「病」由家生

看了這個故事之後，我相信大家都會非常難過，如果換作是我們，也會覺得這種日子過得的確沒有什麼意義，難怪孩子會想辦法以求解脫。義大利幼稚教育學家瑪麗亞・蒙特梭利認為，**「自由」是每個人與生俱來的基本人權**。「蒙氏教育」的基本原則就是「自由」，她認為，強制的「教」法，對孩子——特別是學齡前的孩子有害無益，除非把孩子的頭腦解放出來，否則這些孩子的發展不會健全。

現在的孩子，雖然在物質上什麼都不用發愁，但是他們缺乏屬於自己的一片天空。在學校裡，要受到老師、場地的制約。在家裡，還要做永遠做不完的家庭作業。就算哪天幸運地沒有作業，父母也會搬出一大堆的練習題出來。想要自己支配的時間？到哪裡去找？

每個人都嚮往自由，對於孩子來說，更是希望自己有一片自由的空間！但是，我們很多父母的觀念卻沒有轉變過來，總認為課業是孩子一切生活的軸心。而孩子應該是全面發展的，生活中除了課業，還應該有自己的興趣和娛樂，有自己的休閒和交際。如果父母控制了孩子所有的時間，孩子沒有一點自主權利，這樣就會限制孩子的個性愛好，束縛孩子的手腳。連自由都被剝奪的人，我們還能指望他獨立、有思想、有創新嗎？

一位媽媽在孩子上小學前，為孩子制定了一份讀書計畫。這其中包括：什麼時候起床、什麼時候運動、什麼時候閱讀，什麼時候做作業、什麼時候睡覺等，都安排得井井有條。

起初，孩子對媽媽的安排還非常感興趣，完全按照計畫執行。但不到半個月，孩子就不想按媽媽制定的讀書計畫執行了，即使媽媽強迫其執行，孩子也總是一副愁眉苦臉，執行的效果也大不如前。

媽媽覺得這樣下去不是辦法。經過冷靜思考後，覺得目前這個計畫太死板，應該要給孩子一些自由。於是，對於按時起床、做家庭作業、睡覺等必須執行外，其餘的便不再作強制性要求，由孩子自己支配。比如，作業做完後可以看兒童節目，也可以去找其他的小朋友玩。

調整計畫後，孩子的讀書興趣又來了。每天回家就自覺做作業，做完作業就看兒童節目。慢慢地，孩子透過看兒童節目，其識字水準已達小學三年級程度，在學校各方面的表現也很優秀。更重要的是，孩子是一個自由人。

這位媽媽的確很聰明，透過更改讀書計畫，她不僅再次鼓勵了孩子讀書的積極性，更重要的是，還讓孩子成為了一個自由的人。美國心理學家戴爾說過：「**孩子需要一定的**

空間去成長，去試驗自己的能力，去學會如何對付危險的局勢。不要為孩子做任何他自己能做的事。如果我們做了過多，就剝奪了孩子發展自己能力的機會，也剝奪了他的自立及信心。」孩子的發展在於自身，而不是父母能夠完全決定和左右的。失去自由思想、自由行動的孩子，他們的天性，他們的發展，是肯定要被窒息的。

因此，父母們應轉變觀念，還孩子一片自由的天空。讓孩子透過自由支配時間，透過自主安排活動，來認識、感知生活和周圍的世界，促進身心和諧發展、提高自身的各種素養和能力。

指點迷津

身為父母，我們如何讓孩子擁有自己的時間，讓孩子更快樂地成長呢？

1　**給孩子留出可支配的時間**

有些父母總是不願看到孩子的時間空下來，當孩子寫完作業，馬上給他安排彈鋼琴，彈完鋼琴，又安排畫畫，畫完畫，又安排學外語……這樣做，只會使孩子喪失自己的意志和想法，而失去了自我，最後變得越來越懶散、麻木和消極。

2　**給孩子一個屬於自己的空間**

美國曾播出一部家庭劇——《歡樂家庭》（Growing Pains），劇中西維爾一家的生活讓我們看到了美國父母教育孩子時的明智。西維爾有四個孩子，孩子們很小的時候就擁有了自己的房間，自己的房間便是自己的領地，自己全權負責。我們也應該向西維爾夫婦學習，給孩子一個屬於自己的空間，讓他們去點綴、去打掃。這樣他們既能體驗到家庭的溫暖、我們的關懷，又能有自己獨立的意識。

3

給孩子一定的自主權

父母不要為孩子安排好一切，應該給孩子一定的自主權，讓他自己去選擇、去安排。比如，在為孩子安排周日的活動時，我們可以告訴孩子：可以去公園，可以去郊遊，可以去騎車，可以去畫畫……但只能選其中兩項活動，而且還要自己安排好時間。

4

讀書時間和玩樂時間要分開

有些父母總是埋怨孩子做事情太磨蹭，一邊做一邊玩，卻不知道這些壞習慣可能正是自己沒有讓孩子自由支配時間而造成的。因為父母總是無限地對孩子施壓，讓孩子做完這個，又做那個，使孩子沒有玩的時間，這樣不僅使孩子厭煩做事，而且還容易使孩子養成磨蹭的習慣。孩子沒有屬於自己的時間，那只好採取迂迴的辦法，來爭取玩的時間。

5

自由也應有限度

給孩子自由，也並不等於可以對孩子放任自流，讓孩子隨意地滑向任何一個方向，一定要給孩子立下警示標誌，此路不通，這個辦法不行，不能怎麼樣。正如蒙氏教育中，孩子並沒有被允許去做「任何他喜歡的事」。他只能自由地選擇有益與有用的工作。美國幼稚教育家維娜．希爾特布蘭德說：「父母和老師要牢記這一點：讓孩子在獨立中成長。必須透過讓孩子自己做事、自己決定活動內容、自己選擇玩具等，使孩子感到自己是獨立的個體，變得更加自信，更加努力。」因此，父母一定要還給孩子自由，讓他們自己去發揮，只要正確地引導和提供他們所需的必要資源就可以了。

二．給孩子一個宣洩的空間

一盞心燈

如果孩子心中的積鬱和不快長期得不到宣洩，就會出現注意力不集中、行為呆板、神經失常、精神不振、人際關係緊張等不良現象，嚴重時還會給孩子個人和家庭乃至社會帶來危害。

教子現場

小芹是一位國三的女生，很有上進心，學業上也很努力，但最近老師發現她的壓力非常大。從早到晚，她總是一個人孤零零地坐在課桌前，臉上也沒有笑容。她還跟同學說，她最怕下課了，什麼事都沒得做，也沒得說，覺得那課間十分鐘很難熬，可上課又學不進去。

老師經過調查才知道，原來她父母給她的壓力太大了。每天只要一回到家中，父母就會跟她嘮叨：「努力讀書吧，會考一定要考好。」小芹自己滿腦子想的也是這些。但一坐到書桌前，又讀不進去。這些天一直在這種矛盾中煎熬著。

老師建議小芹好好跟父母溝通一下，減輕一下壓力，把不良情緒宣洩出去，「輕裝上戰場」，否則，不良情緒累積到一定程度，人的精神會崩潰的。

後來，小芹在老師的引導下與父母做了溝通，父母也檢討了自己的過失。經過一段時間的調節，小芹才恢復了久違的笑臉。

「病」由家生

孩子總有情緒不好的時候，他們可能因為考試成績不理想而沮喪；可能因為被同儕欺負而傷心；可能因為被老師責備而鬱悶；可能因自己做錯事而懊悔……這時，引導孩子用適當的方式去宣洩自己的情緒非常必要。

只可惜，有許多的父母卻並沒有重視孩子的情緒問題，總以為孩子年齡小，沒有什麼太大的情緒感覺，即使有點情緒，一轉眼也就會煙消雲散。其實，孩子的心理承受能力比大人要差很多，如果長期壓抑情緒，或者正常的喜、怒、哀、樂情緒得不到及時的排解，會對孩子的身心健康造成很大的影響。

如果孩子心中的積鬱和不快得不到排解，久而久之，就會出現注意力不集中、精神不振、行為呆板、神經失常、人際關係緊張等不良現象，嚴重時還會給孩子個人及家庭乃至社會帶來危害。有些孩子鬧事、出走、輕生，就是因為不良情緒無法宣洩造成的。

有的父母，在孩子鬧情緒時，常用打罵、訓斥的方法制止，這是不科學、不正確的。這種方式表面上看效果顯著，可實際上，孩子是出於害怕才停止宣洩，原先的不良情緒沒有得到舒解，又多了被壓制的痛苦，可謂是雪上加霜。長期如此，孩子內心積壓的情緒問題會越來越多，性格也會慢慢變得憂鬱沮喪，或是如同不斷充氣的氣球，終有一天會爆炸。

宣洩是舒緩、吐露心中積鬱的一個過程，讓孩子淋漓盡致地吐露自己的委屈、憂愁、牢騷和怨恨，可以使其達到心理平衡。因此，要保證孩子的健康成長，就必須給孩子一個宣洩的空間。

指點迷津

孩子有不良情緒並不可怕，關鍵是我們父母要去重視，允許孩子把它表現出來，而不是去壓抑它。要允許孩子生氣、悲傷、不滿和痛苦，把心裡所有的不良情緒都發洩出來。以下就是父母幫助孩子宣洩不良情緒的幾點技巧：

1　**教給孩子一些發洩情緒的方法**

當孩子出現不良情緒時，可以教他寫寫日記自我傾吐，也可以面對一個虛幻的畫像盡情表達；喜歡唱歌的可以唱首歌，會彈琴的可以彈彈琴，或瘋狂地跳跳舞；可以為孩子準備一些氣球，讓孩子把它踩扁，發洩心中的不良情緒；還可以為男孩子準備沙袋，讓他透過打沙袋的方式把不良情緒宣洩掉。

2　**採取冷處理**

孩子一旦鬧情緒，我們既不要驚慌，又不必急躁，更不能憑主觀意氣橫加阻止、壓制。我們可以採取冷處理的方式，暫時讓孩子去發作，無論是哭泣也好，喊叫也好，都不去管他。等他鬧夠了，我們再因勢利導，分清是非，既表示「你表示不滿是正常的」，又表明「但不能不吃飯」，或不讀書、不做家事。這種「冷處理」，會使孩子熄滅火氣，懂得反思，接受父母的指教。

3　**傾聽孩子的訴說**

孩子心裡有事，一定會找人傾訴，而父母恰恰是他們的第一個傾訴對象。此時，我們千萬不可因嫌孩子「囉嗦」、「無理」，或因自己忙於家務或工作等，全然不管孩子。應該平心靜氣地聽完孩子的訴說，因為孩子在傾訴中就會把心裡的委屈情緒發洩出來。然後，我們再對孩子進行有理、有情的開導和勸解。只有如此，孩子才能始終在一種平等、親切的情感釋放中，達到心理上的平衡。

4 **為孩子準備一些特殊的玩具**

父母可以為孩子買一些如小木偶、布娃娃等，具有一定功能的玩具。當孩子有情緒時，就可以把他想說的話都說出來。說出來，他們的心裡就會變得平靜。

5 **父母要以身作則**

父母遇到不開心的事不要在孩子面前迴避宣洩，而是應該經常自由地表達自己的喜怒哀樂，而又不遷怒於別人，給孩子樹立一個勇於表露情緒的榜樣。只有這樣，孩子才能明白：表達個人的情感和宣洩情緒，是每個人應有的權利。

孩子成長的每一步都是在父母的引導下進行的，情緒的宣洩方式也不例外。發現孩子有不良的情緒需要宣洩，不要單純地想著如何制止它，而是要讓孩子一吐為快，該說就說，該哭就哭，該喊就喊，這樣才有利於孩子的心態始終保持著良好的狀態。

三・盡量讓孩子自己做決定

一盞心燈

總是由父母做決定的孩子，長大後常常缺乏判斷力，變得沒有主見，而且缺乏責任感，甚至不知道如何對自己負責。這樣的孩子在生活中做任何事都會顯得膽小畏縮，只會順從別人的意思，甚至任人擺布。

教子現場

有這樣一個孩子，他的父親是一位馬術師，他經常跟著父親東奔西跑，一個農場接著一個農場地去訓練馬匹。

有一次，老師讓同學們寫一篇作文，以「長大後你想做什麼」為題。那天晚上，這個孩子洋洋灑灑地寫滿了幾大頁紙，來描述他的偉大志願：將來擁有一家屬於自己的牧馬農場，並在農場中央建造一棟豪宅。

第二天，他把作文交給了老師。幾天後他拿回了作文，上面打了一個又紅又大的「F」，旁邊還寫了一行字：下課後來見我。下課後，孩子帶著作文去找老師：「我的作文為什麼不及格？」

老師回答道：「你這是在做白日夢，你既沒有錢，也沒有家庭背景，什麼都沒有。但蓋一座農場需要花很多錢，你不要太好高騖遠了。」老師接著又對他說：「如果你願意重寫一個比較不離譜的志願，我會重新給你打一個分數。」

孩子回家後又仔細思量了好幾次，然後去徵詢父親的意見。父親只是告訴他：「孩子，這是一個非常重要的決定，你必須自己想清楚。」

又經過很長時間的考慮，孩子決定一個字都不改，原稿交回。他對老師說：「即使再不及格，我也不願放棄我的夢想。」

多年以後，孩子經過努力打拚，真的實現了兒時的夢想。他建起了兩百畝農場，還建起了一棟占地四千平方英尺的豪華住宅。那份小時候寫的作文他也始終保留著。

「病」由家生

這位父親的教子方法是很有遠見的，在孩子徵詢他的意見時，他沒有給孩子拿任何主意，而是讓他自己做出決定。結果，孩子為了實現自己的夢想，一心奮鬥，最終心想事成！

但在現實生活中，很多父母卻習慣於把「決定權」牢牢握在自己手中，為孩子「規劃」生活和課業：孩子想學薩克斯風，父母卻非要她學鋼琴；孩子喜歡文科，父母卻以

「學好數理化，走遍天下都不怕」為藉口，為孩子選擇理科……從生活到課業，甚至到將來的人生方向、婚姻家庭，都要為孩子做決定。

父母應該明白：孩子也是人，也有自己的喜好，強迫他們去做不願做的事情，孩子怎能開心呢？怎能調動他們的積極性呢？而且，選擇是一種綜合能力的展現，它考驗的是一個人的眼光、智慧、魄力與膽量。一個事事都由父母拿主意的孩子，長大後怎能具備這樣的能力呢？

在鵬鵬八歲生日的時候，爸爸送給他一整套珍貴的郵票，想以此來鼓勵他集郵的興趣。後來，鵬鵬在一個同學那裡發現了一套籃球明星卡，非常喜愛，於是就用爸爸送給他的這套郵票換了那套明星卡。

爸爸知道此事後，非常生氣。他認為，自己送給孩子的禮物，孩子就這樣輕易地換掉，是對自己的不尊重。而且，他知道和鵬鵬換卡的小孩比鵬鵬要大，應該懂得這套郵票的價值比明星卡大得多。但那小孩卻沒有說，因此占了鵬鵬的便宜。

當然，最重要的是，爸爸認為鵬鵬沒有和自己商量，就把郵票換出去了。因此，他決定要教訓鵬鵬一下。他告訴鵬鵬兩件東西價值相差很大，並強迫鵬鵬從朋友那裡換回郵票。這使得鵬鵬非常窘迫，而且感到自己十分的愚笨，與朋友之間的關係也因此破裂。

鵬鵬爸爸的這種做法是不對的，既然郵票已送給孩子，他就有權利決定如何處置，爸爸都應當尊重孩子的決定，不應該去干涉。理想的做法應是，爸爸只應該向孩子解釋兩件東西價值相差很大，而不用提起孩子當時的交換行為。這樣孩子也許能醒悟自己上了當，但是否去找朋友換回郵票應由孩子自己決定，爸爸不應參與其中。

有研究表明，總是由父母做決定的孩子，長大後常常缺乏判斷力，變得沒有主見，而且缺乏責任感，甚至不知道如何對自己負責。這樣的孩子做任何事情都會顯得膽小畏縮，只會順從別人的意思，甚至任人擺布。如果父母幫孩子做太多的決定，也會讓孩子養成一種心態：反正這件事有父母幫我做決定，我不用管它。當他有一天需要獨立時，他的路會走得非常艱難。

因此，身為父母，我們對孩子應該多信任、多放權、少嚴管、少施壓，有什麼事情，盡量讓孩子自己拿主意、做決定。這樣，可以讓孩子儘早養成獨立的人格和獨立於社會的能力。因為，我們誰也無法永遠陪在孩子身邊！該放手時就放手！

指點迷津

牽著父母衣袖走路的孩子永遠都無法學會獨立行走。父母不要什麼事都代替孩子做決定，尤其不能代替他們的思維。要多讓孩子自己做決定，培養其獨立決策的能力。

1 **盡量把決定的權利放給孩子**

當孩子遇到什麼事，父母應該盡量把決定的權利放給孩子，讓他們自己做決定。父母可以對孩子說：「這是你自己的事，你應該自己決定。」比如，天氣變冷了，父母不應只顧給孩子添加衣服，可以先問問孩子：「今天天氣很冷，你覺得應該穿什麼衣服呢？」長此以往，孩子就會運用自己的小腦袋，增強了自我決定的意識。

2 **提供一些不會出錯的選擇項**

孩子慢慢長大，父母就應慢慢從孩子的生活中退出來，讓他做主角，讓他自己去做決定。如果父母確實一時難以完全放手，可以先試著有意識地為孩子提供一些不會出錯的選擇項，讓他做最終決定。比如，想孩子培養一種興趣，我們可以問他：「你是想學彈琴，還是書法？」在我們允許的範圍內，讓他去選擇。一次兩次，我們慢慢放手，給孩子越來越大的選擇空間。

3 **放心讓孩子承受錯誤決定的後果**

如果孩子在自己做決定並付諸實踐後，受到了挫折或導致了失敗，父母千萬不要加以訓斥，這樣很容易傷害孩子，使他沒有勇氣做下一次的決定。既然放手讓孩子自己做決定，那也要放心讓他承受錯誤決定的後果。同時，幫助他分析失敗的原因，豐富他的經驗，讓他繼續勇於嘗試。比如，孩子堅持穿著拖鞋去打球，結果不小心磨破了皮慮。我們應該跟孩子說：「你想一想，如果我們下次再來打球，應該怎麼保護好自己呢？」隨著孩子逐漸長大，經驗逐漸增多，做決定的能力也會漸漸提高。做決定的能力是從小培養的。父母要對孩子一生負責，如果真想我們的孩子有出息，那麼就把決定的權利逐步交給孩子吧！

四・不壓抑孩子的冒險精神

一盞心燈

如果父母因為孩子的某些冒險做法而責備他們、訓斥他們，孩子就會漸漸地變得畏首畏尾，容易墨守成規，不敢去體驗陌生的事物。

教子現場

一次，八歲的小勇在回家的路上看到建築工人在屋頂上施工。到家後，他就對爸爸說：「我想到屋頂上去玩一玩！」

「到屋頂上做什麼，上面很危險的？」爸爸不解地問。

「那裡高，我想到高處去玩一下！」

「嗯，你的想法倒是不錯，也很勇敢，可是你想怎麼上去呢？」

「爸爸替我放好梯子，我爬著梯子上去就可以了啊！」小勇很自信地說道。

「嗯，爸爸可以替你放上梯子，但你也要答應我一個條件。」爸爸想了想說。

「好，你說什麼條件？」

「爬梯子和到屋頂上都很危險，小孩子不能自己來，為了安全，爸爸要和你一起上去，你說怎麼樣？」

小勇想了想，也答應了爸爸。

於是，在爸爸的保護和幫助下，小勇順利地爬上了屋頂。他站在上面非常興奮，臉上洋溢著成功的滿足。

小勇爸爸的做法非常明智，既沒有壓抑孩子的冒險精神，又讓孩子增加了安全意識。勇敢和冒險是緊密相連的。**要具備勇敢精神，就要善於冒險、勇於冒險**。要想讓孩子在競爭激烈的二十一世紀生存，首先必須具備的就是勇敢的冒險精神。這種精神，必須要父母大膽地放手，才能培養出來。

「病」由家生

很多人都會懷念童年時的冒險經歷，如比賽誰能跳過一道大溝，上樹抓小鳥、掏鳥蛋，獨自走獨木橋等。而現在的孩子呢？時時刻刻都被要求聽話。當孩子在探索一些陌生的事物，特別是接觸一些看上去有些危險的事情時，父母們總是面帶恐懼地告訴孩子：那裡不能去，太危險了；這個地方不能待，不安全……於是，孩子們對於一些新鮮事物，往往就不敢嘗試了。孩子的「冒險」精神，也就這樣被逐漸地壓抑了。

現在的家庭普遍注重的是培養孩子的智力因素，而且非常捨得投資，只要聽說到什麼營養品有益於改善智力，價錢再高也捨得買；有什麼項目可以提高孩子的文化素養，培訓費再高也咬牙堅持。而對於有益於培養孩子冒險精神的活動，不是處處阻攔，就是嚴格控制。其實，缺乏冒險意識的孩子，很容易墨守成規，不敢去體驗陌生的事物。長大了很可能性格消極、依賴性強，意志薄弱，責任感差，「溫室長大的花朵經不起風雨」，孩子很可能輸在意志薄弱的起跑線上。

在美國，很多孩子喜歡玩滑板，而且一般都是在街道兩旁、廣場的水泥路面上玩，他們常常在很高的臺階上躍上躍下，讓人為他們的安全捏了一把汗。而在臺灣，玩這些冒險遊戲的孩子卻很少，為什麼呢？就在於臺灣家庭的傳統意識上。雖然這種遊戲對於孩子的膽量是一種挑戰與訓練，但許多臺灣父母認為，這種遊戲太危險，所以不鼓勵孩子們玩。正是因為這種過度保護，使得孩子對自己喪失信心，害怕迎接挑戰。事實上，外傷會很快痊癒，性格軟弱卻無法在一朝一夕之間改變。

因此，**當孩子對冒險性的活動產生興趣時，父母要從容對待，並不失時機地給予肯定和讚賞**。不要為了孩子的安全，就不許孩子去探索，不讓他們去體驗陌生的事物，那樣孩子就會成為永遠駛不出港口的「船」。

指點迷津

韓國教育專家金善意說：「以前，很多父母不但不鼓勵孩子去冒險，而且一聽說孩子要去攀岩，就會制止，主要是擔心孩子出事。這對於培養孩子的冒險精神和堅強意志，極為不利。孩子還是在大風大浪裡成長好。」那麼，我們應如何對待孩子的冒險行為呢？

1 **經常給孩子鼓勵**

既然是冒險，就有可能遇到困難、危險和失敗，這些當然父母不願意看到的。如果我們因為孩子的某些冒險做法而責備他們，訓斥他們，孩子就會漸漸地變得不敢去探索。也許孩子有些行為看起來很單純、很簡單，甚至有點「愚蠢」，這些都沒關係，只要我們經常鼓勵孩子，多讚揚他們的行為，就能鼓舞孩子的信心，並逐漸增加他們的冒險精神。

2 **和孩子一起冒險**

孩子在準備進行某項冒險活動時，我們要事先為孩子說明活動的危險性和需要注意事項，讓孩子做好充分的心理準備。必要時，還可以和孩子一起活動，一起冒險。如孩子很想知道電和火的威力，我們可以與孩子一起做實驗，讓兩根電線相碰發出火花；讓火燒掉孩子剪下的頭髮或指甲。這樣，既能使孩子得到冒險的滿足感，也能使孩子懂得更多的知識。

3

冒險也需謹慎

在合理的範圍內冒險，那叫勇敢；如果是過度的冒險，卻是愚蠢。在有安全保障的前提下，我們可以鼓勵孩子玩一些帶有冒險成分的遊戲，比如盪鞦韆、滑板、游泳、騎腳踏車等；如果條件允許，還可以嘗試登山、坐雲霄飛車、跳水等。對於一些風險很大的事情，如攀岩、航空、探險等，要告訴孩子不能隨便參加，只有現在好好讀書，練好身體，將來才有可能從事這樣的事業或活動。

培養孩子的冒險精神，一定要從小做起。不要怕孩子會摔跤，爬起來孩子的腳步更穩健；不要過分擔心孩子的冒險，經歷風霜幼苗更茁壯。

五．給孩子一片「破壞」的天空

一盞心燈

對於孩子的「破壞行為」，父母千萬不要粗暴地干涉。當孩子剛剛萌芽的好奇心受到打擊的時候，他或許就會變得規規矩矩，但也會就此泯滅了孩子愛動、好奇、勇敢，甚至冒險的天性。

教子現場

強強的父母買了一只高級石英鐘，往書桌上一擺，悅耳的報時聲，令一家人高興得合不攏嘴。強強盯著漂亮的石英鐘，眼珠轉了轉，笑笑，然後背著書包上學去了。

一天下午，爸爸媽媽下班回來後，忽然發現桌上的石英鐘不見了。難道是家裡進了小偷？不會呀，家裡的其他東西都放得整整齊齊，沒有覺得少了什麼，這石英鐘難道會自己會長了腳？爸爸呆在那兒想了想，突然一拍腦袋：「糟了，說不定是那小傢伙搞的鬼。他應該快放學了，回來問問他。」「不會吧，他要那東西做什麼？」媽媽有些不相信。

過了一會兒，強強興沖沖地從外面闖進來，二話不說就是一陣忙碌。爸爸問：「你搞什麼鬼，怎麼不做作業？」強強頭也不抬，只顧自己忙，輕描淡寫地說了一句：「早就做完了。」

平常習慣了兒子在家胡搞瞎搞，父母都沒有往別處想。等兒子叮叮噹噹忙完了自己的發明創造，門上多了一個不倫不類但是能夠唱歌的門鈴，爸爸這才恢復正常：「強強，這個東西的製作材料你從哪兒拿來的？」

強強脫口而出：「我把石英鐘拆了。」爸爸一聽急了：「石英鐘呢，你放哪兒去了？」強強從爸爸的眼神裡，這才發覺自己闖了禍，慢吞吞地從床底下拿出來一個塑膠包。打開一看，那個昂貴的石英鐘早成了一堆零件，被大卸八塊了。爸爸一看，氣得手不由得高高地舉了起來。媽媽趕緊過來一把拉住了爸爸的手：「先吃飯吧，等一會再說。」

吃飯的時候，強強反省道：「上週上課時，老師為我們講解了一些小發明，我想給家裡做個門鈴，結果材料不夠用，我就想到了石英鐘。原來想做好門鈴用上一段時間後，再將石英鐘重新裝回去，誰知道……」強強低著頭沒有接著往下說了。

看著委屈的兒子，爸爸的氣也消了，他用力摸了摸他的小腦袋說：「吃飯吧！等下我們一起研究，看還能不能把石英鐘裝回去！」強強聽了，非常地高興。就這樣，愉快的氣氛又回到了餐桌上。

「病」由家生

生活中，孩子的破壞行為很多，拆、毀物品，屢見不鮮。比如，買臺電動小汽車給他，但沒兩天卻發現已被拆成一堆零件；媽媽買了一件新衣服，他卻用剪刀把它剪成了布條；看見金魚缸裡結了一層薄冰，怕金魚凍死，他把金魚全撈上來包在手帕裡……其實，**孩子有「破壞」行為並不一定完全是壞事**。

愛迪生小時候就是一個破壞天才。有一天，他對青草不會燃燒，而枯草卻可以燃燒感到懷疑。於是自己跑到倉庫裡，用火點燃了乾草堆，實地試驗一下。不料卻釀成了火災，把父親囤積的草料付之一炬。

對於孩子的「破壞」行為，令很多父母頭疼不已，常常會抱怨：「我家的孩子簡直就是個破壞狂，什麼東西只要一到他手裡，立刻就會變成廢品，弄得家裡都不敢隨便放東西。他根本就不知道什麼叫珍惜，難道破壞東西讓他很高興嗎？真不知道他的心裡是怎麼想的。」還有的父母，對孩子的「破壞」行為，還會給予責備、痛斥甚至是打罵。

孩子的「破壞行為」，的確令人頭疼，但我們也要認識到，孩子的「破壞行為」，其實並不一定是在搗蛋。他們這所以會破壞某個東西，而是因為他對這個東西感興趣，想看看究竟是怎麼回事。蒙特梭利說：「這是因為他想知道這件東西的構造」，「他在尋找玩具裡面是否有有趣的東西，因為從外觀上玩具沒有一點使他感興趣的地方。」

有一天，陶行知的一位朋友來找他訴苦：她的孩子把她剛買回家的一隻金錶當新玩具玩壞了。

「那您對孩子做了些什麼？」陶行知問她。

朋友回答道：「我把孩子痛打了一頓，他求饒了！」說這話的時候，朋友顯得有點得意。

陶行知聽後，不禁大聲驚嘆：「恐怕一個未來的『愛迪生』被你槍斃掉了！」

朋友頓時被陶行知的驚人之語嚇呆了，一時不知說什麼好。

等朋友平靜下來後，陶行知對她說：「其實，孩子的這種行為是創造力的一種表現，你不該這樣對待孩子，要解放孩子的雙手，讓他從小就有動手的機會。」

「可是，我現在該怎麼辦呢？有什麼補救的方法沒有？」這位朋友聽了陶行知的話，對自己的行為後悔不迭。

陶行知建議他說：「你可以和孩子一起把金錶送到鐘錶行，讓孩子站在一旁看修錶師傅如何修理。這樣，修理費就成了學費，孩子的好奇心可以得到滿足。說不定，他還能學會修理呢！」

其實，孩子愛搞「破壞」屬於天性使然，是其學習探索的一種表現。因為年齡小，他們對各類陌生事物充滿新鮮、好奇，並身體力行，欲用自己的雙手探求這未知世界。因此，我們千萬不要粗暴地干涉孩子的探索欲。當孩子剛剛萌芽的好奇心受到打擊時，他們或許就會變得規規矩矩、老老實實，但也會就此泯滅了孩子愛動、好奇、勇敢，甚至冒險的天性。

愛迪生曾說：「**善於創造的人，往往具有一個奔馳的腦筋**。」我們給孩子一片「破壞」的天空，孩子的「破壞」失去的只是可估量的價值，而得到的卻是他們一生都受用不盡的財富——思考、創造和勇敢精神。

指點迷津

對於孩子的破壞行為，父母常常怒不可遏，真想狠狠地罵他一頓，甚至揍他一頓。但如果從孩子的角度來想想，他這樣做只不過是為了認識和了解事物。因此，我們就不能夠簡單地懲罰孩子，而是要給予寬容。不要責備孩子，更不要打罵孩子，也不要跟孩子說「不許再拆玩具了，不然以後就不買給你了」等這樣警告和威脅的話。因為父母的責備和威脅，很可能會扼殺孩子勇於探索的積極性。

對於孩子的某些違規行為，父母不能輕率地將其定性為「破壞」，而應該設法了解孩子行為背後的真正原因。

日本有一位「發明大王」叫中松義郎，他在五十年間共發明了兩千多項研究成果。在他小時候，由於好奇，曾趁家人不備，把父母新買的一輛汽車全部拆解成各種零件。他的父母看到後，不但沒有責備他，反而認為他好奇、探索有理，這更增強了他勇於探索的精神。

對於孩子的破壞行為，父母應該盡可能地鼓勵並且參與，因為孩子「破壞」的過程，是一個手、眼、腦都在活動的過程。鼓勵孩子適當地「破壞」，就是在培養孩子勇於創造的能力，以及探索未知的興趣。因此，當看見孩子把錶拆了，我們應該參與孩子的活動，「錶裡面是什麼啊，怎麼指針會動的啊？」引導、幫助他一起尋找結果，然後再跟孩子一起把錶恢復原樣。這樣做，才能讓孩子在「破壞」——探究——重建中滿足他們的好奇心。

總之，當看到孩子將玩具拆得七零八落，或把家裡的鐘錶、收音機等大卸八塊時，我們切不可莽撞冒失，大發雷霆，扼殺孩子的探索欲，而要給孩子一片自由的「破壞」天空，積極鼓勵和正確引導他們善於觀察、勤於動手、勇於創造。

六・孩子最需要的是玩伴而不是玩具

一盞心燈

當一個孩子經常獨處時，他會顯得很無聊，很孤單。長期下去，就會變得沉默寡言，變得內向，也很可能患自閉症。

教子現場

小坤是一個六歲的小男孩，他的媽媽經常把他一個人關在家裡，讓他一個人玩。因為媽媽擔心孩子出去和別的孩子玩不安全，也擔心孩子跟別的壞孩子學壞了。

為了不讓孩子過於孤單，媽媽為小坤買了很多玩具，比如電動車、腳踏車、滑板車等等。但是，小坤卻並不開心，每當看到別的小朋友一起玩時，他就用渴望的眼神望著他們。

有一天，小坤跟媽媽一起到公園玩，正好媽媽遇到了一個好朋友，兩個人便愉快地聊了起來，小坤則在一旁呆呆地站著。這時，媽媽的朋友問：「你怎麼不讓孩子到那邊和其他的小朋友玩呢？孩子一個人待在這裡多沒意思！」

因為媽媽當時正聊得起勁，也就允許了小坤過去和小朋友一起玩。小坤高興地跳了起來，馬上跑過去和其他小朋友一起，又玩滑梯，又玩鞦韆，跑啊，跳啊，爬啊，玩得多開心。

媽媽看著與朋友玩得正起勁的兒子，突然發現孩子好像從來沒有像今天這麼開心過。雖然每次買給他新玩具時，他也很高興，但眼神中卻免不了有一絲孤獨。媽媽這才感覺到，自己以前做錯了，兒子需要的並不是好玩的玩具，他需要的是玩伴。

「病」由家生

如果我們買了玩具給孩子，而只許他待在家裡，相信孩子寧願不要玩具。沒有人跟他一起玩，也就沒有機會展示他漂亮的玩具，無法獲得樂趣。其實，**孩子們最需要的既不是精美的玩具，也不是什麼好吃的東西，他們需要的是一個玩伴**。

有的父母只重視孩子的課業成績，不重視孩子的人際交往，認為只要學業進步了，其他的可以以後再說。也有的父母出於對孩子的關心和保護，擔心孩子交到壞朋友受傷害，因此而不讓孩子交朋友。這是一種極端錯誤的做法。孩子最怕的是什麼？就是孤獨，就是沒人跟他玩。玩具雖然能讓孩子開心一時，但玩久了就會生厭。而跟一個好朋友在一起，會有無窮無盡的樂趣。

當一個孩子經常獨處時，他會顯得無聊和孤單。長期下去，就會變得沉默寡言，變得內向，嚴重的還可能患上自閉症。如果孩子缺少與人交往，特別是與同儕交往的機會和體驗，加上父母的溺愛嬌慣，還會使孩子變得任性固執，缺乏責任感，依賴性強，性格懦弱孤僻等。

孩子只有走出封閉的家門，加入同儕的社會活動中，才能健全地發育和成長。一個有很多朋友的孩子，性格會變得開朗，獨立性也會增強。大家在一起玩的時候，每個人都是平等的，不能撒嬌，也不能任性，誰也不會遷就誰。我們可以發現，一個在家裡愛撒嬌、習慣耍賴的孩子，和他的朋友們在一起的時候卻極其寬容和謙讓。

人的一生不能沒有朋友，但對許多人來說，一生中最真摯、最恆久的友情都是在孩童時代建立的。童年時代的友情是日後所有其他親密關係的排練。因此，我們與其替孩子買一堆玩具，不如讓他去交一個好朋友。

指點迷津

父母應鼓勵孩子與其他的小朋友一起進行各種有趣的活動，或加入童子軍等兒童組織。在這些組織中，孩子很容易找到志同道合的朋友。父母可以帶著孩子到處走走，如外出旅行、拜訪親朋好友，來擴大孩子的交往範圍。

父母可以刻意地邀請一些孩子較熟悉的小朋友到家裡玩，也可以讓孩子到其他小朋友家裡玩。對於稍大一點的孩子，我們可以給他時間自己出去玩，比如我們可以跟他們說：「去找你的朋友玩一會兒，別老悶在家裡。」不要小看這麼一句話，它也許會帶給孩子莫大的驚喜和收穫。

如果擔心孩子交到壞朋友，我們事先可以提醒他，交朋友應該注意些什麼，告訴他什麼樣的朋友才是值得交的朋友。我們也可以引導孩子談談他的朋友，從中了解一下他的交友情況。比如，讓孩子說說他和朋友在一起時所做的事情，以及他的朋友是怎樣的人，喜歡做什麼。因而判定這個朋友是否有利於孩子的健康成長。

有很多快樂，是父母不能給予孩子的；有很多的東西，也是只有朋友才可以給孩子的。因此，我們要啟發孩子加強與同儕間的交往，並及時鼓勵孩子積極的交往行為，體驗交往的樂趣，這對孩子的成長是十分必要的。

七．尊重孩子的興趣與愛好

一盞心燈

如果父母不尊重孩子的興趣與愛好，總把自己的主觀意願強加在孩子身上，這樣做會扼殺孩子的個性差異，阻礙孩子創造力的發展。

教子現場

有兩個小男孩，一個叫小林，一個叫小春，他們都很喜歡小汽車。他們經常利用課餘時間玩一些汽車模型，或看一些與汽車相關的書籍。但他們的父母對孩子的這項愛好，卻有著截然不同的處理方式。

小林的父母處理方法簡單粗暴，他們認為，孩子玩這些汽車模型會影響到課業。於是只要發現小林書包裡有汽車模型，或一些與汽車相關的書籍，就統統沒收。結果，小林表面上聽話了，可實際上只是由公開轉入了「地下」。既然家裡不能玩，那就在學校裡玩，甚至上課的時間也不放過。最後，搞得小林沒有心思聽課，也沒有心思做作業，課業成績明顯退步。

小春的父母處理方法就明智得多，不僅不反對孩子玩汽車，而且還極力培養孩子的這一興趣愛好。他們不僅買汽車模型和畫冊給小春，而且經常帶著小春去看車展，並因勢利導地對小春說：「製造汽車需要先進的科學技術，你現在喜歡汽車模型，將來立志做一名汽車設計師。但要想實現這個理想，就必須努力讀書。但你現在讀書馬馬虎虎，做作業又不仔細，這樣下去，長大以後怎麼能有成就呢？」在父母的引導下，小春的課業有了明顯的提升。

「病」由家生

兩種不同的教育方法，帶來了兩種迴然不同的教育效果。可見，對於孩子的興趣愛好，父母不能簡單、粗暴地加以阻止，這樣做非但收不到效果，反而會使事情走向對立面。在競爭激烈的今天，父母希望孩子努力讀書做好功課，是無可非議的。但是，如果我們的目光只盯在分數和升學上，而忽視孩子興趣的培養，甚至以專制的手段，強行把自己的心願強加在孩子的身上，這種做法是不可取的。

只要孩子的興趣愛好不是有害的或是不良的，我們就要尊重孩子的興趣愛好，並加以鼓勵和保護。因為孩子的興趣愛好是引導孩子獲取知識，培養能力、開發智力的有利條件。如果我們只是主觀地認為只要課業好或學有特長就會為孩子的成功鋪平道路。而不問孩子喜歡什麼，願意做什麼，總是一味地強制他們做不喜歡的事情，這樣做會扼殺了孩子創造的天性，甚至釀成悲劇。曾有一位家長強迫坐不住的孩子彈琴，以致孩子只得砸斷自己的手指以示反抗。

我們忽視孩子的興趣和愛好，強迫孩子去學某一種技藝，剛開始時，孩子可能會因為好奇而學習一段時間。但時間一長，因為孩子本身不具備學習此種技藝的靈性，他們就會越來越討厭這種學習，但在父母的逼迫下又不得不學。最終，孩子的身體和精神都會受到折磨和打擊。這種硬性的強求，不僅會掩蓋孩子真正的才能，而且還會抑制他們自我選擇和獨立思考的能力，為孩子的成才之路埋下隱患。

西晉時期，有一位著名的文學家名叫左思，但在他小時候，他的父親卻一心想讓他學習書法，還不惜重金聘請名家為其指導。可左思對書法並不感興趣，最終學無所成。後來，他父親又讓他學琴，結果學了很長時間，彈出來的曲子還是不堪入耳。

這時，左思的父親才意識到，要想讓孩子學有所成，就必須尊重孩子的特點，根據兒子性格內向、記憶力好，對文學有很大興趣的特點，因材施教，讓兒子學賦詩。結果，左思在課業上如魚得水，進步神速，沒有幾年，便寫得一手漂亮文章，最終成為了西晉著名的文學家。

人最可悲的是一生對什麼都沒有特殊興趣和愛好，孩子最不幸的是父母憑主觀意志扼殺其興趣和愛好。孩子對有興趣的事情往往容易全身心投入，最容易學出成績。因此，孩子的興趣之苗一旦破土而出，我們就應細心呵護，不要隨意破壞它。因為「興趣是最好的老師」，興趣可使孩子的智慧得到最大限度、最持久的發揮。

指點迷津

孩子的興趣愛好表現在諸多方面：有的孩子喜歡唱歌、跳舞；有的孩子喜歡彈琴、畫畫；有的孩子喜歡集郵、收藏；有的孩子喜歡看書、寫文章；有的孩子喜歡飛機、汽車……孩子的興趣與愛好是一筆寶貴的財富，一個人喜歡什麼很可能決定他一生的就業方向和成就。

我們做父母的，首先要承認孩子在課業上、生活上應該有自己的興趣和愛好。其次，就是要尊重孩子的興趣和愛好。多學點課外知識無可厚非，髮型、服裝只要不是極為怪異，音樂不是下流低級，就應該尊重孩子的選擇，讓他們做自己想做的事。當然，在承認與尊重的前提下，我們還要積極主動地加以引導，培養孩子高尚的趣味和情操。

美國哈佛大學一位心理學教授發現：人的大腦存在著多種互不相關的智力領域，不能只用一種標準來衡量一個人是不是聰明。這位教授的發現給了我們很重要的啟示：每個人都各有各的智力潛能，孩子的智力發展也各有千秋。我們做父母的，應根據孩子的實際情況，積極創造條件，開發孩子的智慧領域，激勵孩子多方面的求知興趣。

「天下之大，千品萬類，六行八道，率各有所長，豈能千人一技乎？」意思是說，一個人不一定非要局限在一品一技上不顧一切去做。我們做父母的，一定要培養孩子豐厚的知識基礎和廣闊的智力範圍，這樣才能發展孩子的優勢智慧，使他得到更全面的發展。

第九章
高期待的父母是「妖魔」——降低期望值，讓孩子喘口氣

「望子成龍，望女成鳳。」每一位父母都對孩子的前程充滿了美好的期待，都希望自己的孩子出人頭地，希望自己的孩子出類拔萃。父母對孩子寄予期望，是一種信任，有利於孩子增強自信心、進取心，是進步的動力。但一味地高標準，嚴格要求，其結果往往會適得其反，有時還會釀成難以挽回的悲劇。因此，父母要尊重事實和孩子的能力，應該善待孩子，要把自己虛幻的、不切實際的期望值降低，讓孩子喘口氣。

一・降低期望值，讓孩子喘口氣

一盞心燈

孩童期正是孩子發展信任、自主、進取、勤奮等人格的時期。在這個時期，催促孩子去做超過他們身心發展和能力的事情，會使他們產生過多的不信任感、羞愧、內疚、自卑和無能感。

教子現場

龍龍今年十一歲，上小學四年級。他的性格很內向，很少主動與同學們講話。最近一段時間，他與同學們的來往更少了，課業成績也直線下降，還出現了悲觀孤僻等與他年齡不相符的壞情緒。每天在勉強完成作業之後，就把自己關在家裡什麼也不想做。

到底是什麼原因導致龍龍出現這種情況呢？其實，問題就出在他父親身上。龍龍的父親性格也很內向，很少與人交往，工作也一直不太順利。因此，他把自己全部的期望都寄託在孩子身上，他對龍龍說得最多的一句話就是：「你一定要為爸爸爭口氣呀！」

龍龍父親對孩子的課業成績相當看重。每天龍龍回到家中，他就要求孩子去寫作業，嚴格限制孩子玩的時間，並且禁止龍龍與同學交往。在父親嚴格的管教和巨大的課業壓力下，龍龍怎麼也提不起興趣來讀書，成績下降也是理所當然的事了。

「病」由家生

龍龍之所以會出現這樣的問題，實際上是父母對他的教育方式問題。進一步說，就是父母對他的心態和期望值問題。

提到對孩子的期望，父母總有說不完的話，這位父母希望自己的孩子能夠功成名就，那位父母希望自己的孩子能夠學業、事業雙豐收……總之，都是對孩子的前程都充滿了美好的期待。父母的這種心情可以理解，但是，並不是對孩子期望越高，孩子就越成功。**更多的時候，父母過高的期望值，反而會成為孩子前進途中的阻力。**

在當今這個充滿壓力和注重成就的時代，許多父母不顧孩子的稟賦，而以自己認定的模式塑造孩子，要求孩子只許成功，不許失敗，給孩子帶來了極大的壓力。

「你要是考不進好高中，媽媽就不活了！」這是一位媽媽對女兒的恐嚇。性格開朗、活潑大方的女兒為了不讓媽媽傷心，經過努力，終於如願以償地考進了前三志願的高中。當女兒成功地考上好學校之後，媽媽對她百般寵愛，因為女兒替媽媽爭了光。

「妳必須考全班第一。」顯然媽媽的期望在升高。漸漸地，女兒臉上的笑容在消失，焦躁與不安爬上了她的眉頭，她沒能成為全班第一。

「要是期末考試各科達不上九十五分，我就自殺！」媽媽威脅的口吻依然那樣堅決。終於有一天，重壓之下的女兒離家出走了。

「學校是監獄，老師和家長是看守，我們是犯人。」某中學生在作文中這樣描寫校園的學習生活。**過高的「期望值」讓孩子的心理壓力太大，導致一些孩子越來越厭煩日趨沉重的學習生活**。父母對孩子寄予期望，是一種信任，有利於孩子增強自信心、進取心，是進步的動力。但是，如果對孩子設置過高的期望與要求，則會扼殺孩子的天性，最終會引起孩子的逆反、壓抑和怨恨，稍有挫折，孩子就會對課業失去信心。

許多父母總是要求孩子順著自己設計的模子去成長，而不考慮他們的興趣愛好，也不考慮是否符合孩子的實際情況，如孩子的生理、心理、性格、智力等多種因素。只是從自己美好的願望出發，為孩子設計未來藍圖，硬要給孩子定標準，這其實是在害孩子。孩童期正是孩子發展信任、自主、進取、勤奮等人格的時期。在這個時期，催促孩子去做超過他們身心發展和能力的事情，會使他們產生過多的不信任感、羞愧、內疚、自卑和無能感。

因此，父母對孩子的要求必須符合孩子年齡特徵和個性特徵，為孩子創造一個輕鬆愉快的成長環境，不要讓過高的期望值壓垮孩子稚嫩的肩膀。

指點迷津

每一位父母都期望自己的孩子能夠成龍成鳳，高人一等。然而，人是有個性差異的。正如俗話所說：「人心不同，各如其面。」我們要承認個性差異，並不是所有的孩子都是愛因斯坦，所以不要祈求孩子也成為科學家；並不是所有的孩子都是比爾蓋茲，所以不要祈求孩子成為世界首富；也不可能所有的孩子都成為歐巴馬、劉德華……父母對孩子寄予一定的期望是父母對孩子的一種關愛，一種鼓勵，是建立孩子自信心的主管道，是人之常情的事情。但是，如果期望過高，則往往會希望越大，失望也越大。

父母要尊重事實和孩子的能力，應該把自己虛幻的、不切實際的期望值降低，讓孩子切切實實從基礎學起，功課一門一門地學。同時，有特長發展一下當然好，沒有也不必過於失望。我們尤其要善待那些為了獲得父母的愛而不斷努力，卻又不能一下子可以達到父母要求的孩子。父母應該理解孩子已經承擔了巨大的壓力，從精神上給孩子愛和支持，還孩子一個平凡人過平凡生活的權利。

父母的期望必須根據孩子的具體能力來確定，最好的期望值是讓孩子稍加努力後就能實現。比如，根據孩子上一次或前一階段的學習情況，提出他力所能及的期望，一旦孩子達到目標後，我們一定要給予相應的獎勵，同時與孩子一起探討下一步的努力方向。

總之，父母對孩子寄予期望，力戒出現「強扭的瓜」；力戒「重壓」。一定要根據孩子情況的變化，及時予以調整。不必拘泥於既定的目標，而應以最適合的目標為標準，這樣才會讓孩子有希望、有信心。

二·高壓政策往往很難有效果

一盞心燈

高壓式的教育方式，極易造成孩子的個性壓抑和興趣的單一。長此以往，壓抑久了的孩子易產生反向心理，對周圍一切會表現出反感、厭惡乃至仇視。

教子現場

有一位女大學生，年僅二十一歲，但她卻因為得了精神病進了醫院。更令人惋惜的是，就在她被送入精神病醫院的那一天，剛好收到某著名大學研究所的錄取通知書。她的一位同窗好友說：「她是被逼瘋的，她的壓力太大了。」

這位女大學生出生於一個教師家庭，父母都認為只有讀書才是唯一的出路。她五歲就開始上小學，從小學一年級到二十一歲考取研究所得病的十六年間，她一直都是生活在父母嚴厲的管教之下。

剛讀大學二年級的時候，父母就開始讓她準備考研究所。到了三年級時，她就已經進入了考試備戰狀態，其複習資料連床腳都塞滿了。這位女大學生曾很多次對她的同窗好友說：「好想逃離父母的監督，讓自己擁有真正的生活……」

「女兒啊，是我們害了你。你醒過來吧，我們再也不逼你讀書了！」這位女大學生住院以後，她的父母每天都會在床前痛心疾首地呼喚女兒。但可惜的是，這一切都太晚了。

「病」由家生

在「高壓政策」壓迫下，一位年僅二十一歲的女大學生考研究所竟考成瘋女，不能不令人痛心！有資料顯示，那些學習困難、身心有異常傾向的「問題孩子」中，平時父母採用打罵一類高壓政策及放任不管、方法不當的占總數的百分之九十以上。

有一位小學生，在她的日記中寫道：在一次期中考試中，我的語文和數學都得了九十四點五分，而父母替我定的標準是這兩科都要考九十五分以上。為此，媽媽一巴掌朝我臉上打了過來，爸爸也在一旁大聲責罵。當時，我嗚嗚哭了起來，但是沒有人幫助我。

「望子成龍，望女成鳳」，是眾多父母的共同願望。不少父母為了讓孩子長大以後有出息，將家庭變成了「第二課堂」。為孩子聘請家教，讓孩子「加班加點」；有的則「威逼利誘」，讓孩子學習各種才藝，或完成永遠做不完的作業，根本不考慮孩子能否承受。如果孩子「不聽話」，或達不到自己的要求，父母便不問緣由地大聲呵斥、責罵，甚至大發雷霆。在他們看來，厲聲訓斥才會讓孩子有所長進。其實，這種做法不僅收效甚微，而且往往會適得其反。

一天，某中學一位國中三年級男生的父母心急如焚地跑到派出所報案，稱孩子離家出走好多天了。就在警方對孩子的下落進行調查時，父親卻帶孩子來派出所銷案了。

經過了解，孩子的父母都是普通工人，他們對孩子的課業要求近乎苛刻，每天放學以後，孩子都必須按時回家，然後做作業、背課文，到晚上九點以後，馬上關燈睡覺，週六、周日還請了家教。孩子說，他之所以離家出走，是因為他實在是受不了父母的「高壓管制」。

很多父母都有一套「家長制」的思想，孩子不能問「我為什麼要聽你的？」因為「我是你的爸媽，你就得聽我的」。這是天經地義的事，父母擁有無上權威。這種高壓式的教育方式，會讓孩子懼怕父母，無安全感，極易造成孩子的個性壓抑和興趣的單一。長此以往，壓抑久了的孩子易產生反向心理，對周圍一切會表現出反感、厭惡乃至仇視。而且，這種「高壓政策」，還會使孩子的自尊心遭受到極大的挫傷，因而壓抑孩子的主動性和創造性。

指點迷津

孩子處在生長發育階段，自控能力較差，情緒極易受外界環境的影響而發生變化。高聲訓斥會使孩子因受到突然襲擊而驚惶失措，誠惶誠恐，精神處於恐懼不安的狀態中。比如，孩子不小心做錯題目了，如果我們毫不思索、氣沖沖地指著孩子責罵：「看！題目又做錯了，看樣子你上學一點用也沒有。」那麼孩子一定會被我們先聲奪人的責罵聲罵得傻住了，想辯解的，也給嚇得目瞪口呆，只能把冤氣吞到肚子裡去。有的感到委屈，哭了起來，父母還會接著罵：「罵你就哭，有什麼好哭的！」

高聲訓斥雖能暫時制止住孩子，但口服心不服，久而久之孩子會產生對立情緒，引發孩子以沉默、固執等方式對抗，甚至養成當面一套、背後一套的壞習慣。著名教育家蘇霍姆林斯基認為，尊重與要求之間存在著一種「數學依存性」，即十與一之比。也就是說，要在十倍的尊重孩子人格的基礎上要求之。父母在教育要求的表述形式上，應摒棄高聲訓斥的做法，代之以「低聲細語」的悄悄對話。

用平和的聲調教育孩子，可以讓孩子感覺到父母的沉著和威嚴，因而穩定住情緒。用低聲細語與孩子悄悄對話，也會讓孩子感到自己與父母處在平等地位，這樣可以激發孩子聆聽父母說話的興趣，使孩子在不知不覺中接受了父母所講的道理。用溫和親切的聲調與孩子談話，還可以增強孩子對父母的信任感，因而融洽親子關係。

我們提醒那些信奉「高壓政策」的父母們，一定要反思一下自己的教子方法，切勿拿孩子做實驗，因為這種教子方法只會失敗，不會有成功的可能。

三‧孩子的未來不等於家長的理想

一盞心燈

如果父母把自己的意願強加給孩子，讓孩子擔負起父母的願望，這樣會讓孩子失去自己的成長空間和獨立意識，導致孩子產生矛盾、反叛與對抗的情緒，或因此變得精神萎靡，對生活、課業感到迷茫、失去信心等。

教子現場

從上學的第一天起，小宇的耳邊就經常響起爸爸媽媽的叮嚀：「一定要好好讀書！一定要考上臺大。」為此，他在父母為他設計的框架裡努力學習著……

功夫不負有心人。十二歲的小宇不負父母的厚望，以全班第一的成績考進了一所國中。小宇覺得，自己終於可以鬆一口氣了！沒有辜負爸爸媽媽的苦心，這個假期應該可以好好地休息一下了。

正當小宇盤算著如何度過這個愉快的假期時，媽媽拎著一個大袋子回來了。小宇急忙迎上前去，打開口袋一看，頓時呆住了——裡面全是國中一年級的課本和輔導資料！媽媽看到小宇這個樣子，嚴肅地對他說：「你不要以為進了國中就可以萬事大吉了。要知道，凡是能考進這所學校的學生成績都是優異的，你想要競爭過他們，就得提前做準備。」

小宇說：「媽媽，這個我知道。可是，這個假期是不是讓我……」媽媽打斷了小宇的話：「不用說了，我知道你要說什麼，你還沒到可以休息的時候。你的目標是臺大！當年，你爸爸因為幾分之差而錯過了上臺大的機會，這是他一輩子的遺憾，這個遺憾能不能彌補，只能靠你了。」

見小宇沒有回應，媽媽緩和了語氣：「孩子啊，我和爸爸都是為你著想。如果能考上臺大，你以後的路就好走了！只要你考上了臺大，到時候你想做什麼就做什麼，我們都不再管你。」

聽了媽媽的話，望著這一袋資料，小宇無言以對，禁不住流下了眼淚。第二天，小宇就離家出走了……

「病」由家生

現實生活中，像小宇的父母這樣為孩子設計好前途的父母不在少數。他們把自己一生的理想或者遺憾都寄託在孩子身上，不考慮孩子的實際天賦，不考慮孩子的興趣愛好，一廂情願地下血本培養，指望自己的孩子長大以後能出人頭地，成為一個科學家、企業家、舞蹈家……來圓自己當年的夢想，或彌補自己當年的遺憾。

因為種種原因，有不少父母沒能實現自己年輕時的願望。比如，有的父母本來天賦很高，但因為當時家庭條件受限而未能實現；有的父母本來有某方面的潛能，但由於缺乏高人的指點，錯過了發展的「關鍵期」……於是，他們往往就想將自己昔日失去的東西，透過自己的孩子來補償、實現，強行要求孩子按照自己的意志生活、讀書。父母越是不得志，對孩子的期望值就越高；父母越是壯志未酬，越是希望在孩子身上得到補償。

父母有這種心情，我們可以理解，但孩子能否實現自己的願望，還要看孩子的條件和素養。如果孩子的興趣愛好和想法不符合父母的願望，但父母卻把自己的意願強加給孩子，讓孩子擔負起父母的願望，這樣會讓孩子背負很沉重的壓力，他們會覺得讀書是一種痛苦的過程。同時，也會使孩子失去自己的成長空間和獨立意識，導致孩子產生矛盾、反叛與對抗的情緒，出現厭學等現象；也有些孩子會因此變得精神萎靡，對生活、課業感到迷茫、失去信心等。

因此，**我們千萬不要為孩子設計發展的模式，不要讓孩子做自己的「接力棒」**。其實，每個人都有自己的理想和追求，孩子也不例外。我們應該努力為孩子創造一塊自由馳騁的天地，而不是越俎代庖，強人就己。

指點迷津

如果孩子的興趣、愛好與我們的期望一致當然最好。但是，如果孩子的興趣愛好和想法不符合父母的願望，那我們該怎麼辦呢？是強迫孩子，還是讓他們在自己所喜愛的領域裡充分發揮才能？答案自然是後者。

身為父母，對於往昔發生在自己身上的各種遺憾，一定要理性對待：不要憑一時的衝動，更不能強迫孩子接受，即使發現孩子有可能實現自己以往沒有實現的理想，也要選擇一條比較科學合理的方法培養孩子。

孩子是獨立的個體，有自己獨立的權利，他們的命運應該由他們自己來主宰。他們有權利選擇自己的興趣、愛好和前途。我們應尊重孩子自己的選擇和想法，我們可以根據孩子的具體情況和興趣，向孩子提出建議，引導孩子找到自己努力的方向。

有些孩子的理想是長大以後當一名教師，很多父母會認為這個工作不賺錢、辛苦，而去打擊孩子，其實這種做法是很不明智的。孩子因為年齡小，他們的那些理想，其實還僅僅是透過看過的一些事物而確立的，不過這可以大大提高他們的讀書動力！究竟孩子以後會從事什麼工作，等他進入大學走入社會，接觸了足夠多的事物後，他自然會做出正確的選擇！不需要我們在他們很小的時候講很多大道理。

孩子也是人，也有七情六欲，強迫他們去做不願做的事情，也會使他們難受萬分。為人父母者，要多站在孩子的角度考慮考慮，不要一味地強行地讓孩子按照我們設計的軌道生活，更不要讓孩子成為代替父母實現未盡理想的工具。不然，他們也會像自己的父輩一樣，在補償父母遺憾的同時，也給自己留下了遺憾，而他們的遺憾又有誰來補償呢？

四・莫讓分數成為孩子的「緊箍咒」

一盞心燈

孩子偶爾得了低分，如果父母大發脾氣，輕則辱罵一番，重則毒打一頓，這樣做，很容易刺傷孩子的自尊心。

教子現場

一位國中二年級的孩子寫過這樣一篇日記：

那天，我拿著只考了五十八分的國文試卷，垂頭喪氣地回到了家裡。晚飯的時候，我膽怯地對媽媽說：「媽媽，我國文只得了五十八分。」

「啪！」一記響亮的耳光落在了我的臉上，媽媽的眼睛瞪得像銅鈴，左手叉腰，右手還抓起掃把，照我的屁股又是一下，嘴裡罵著：「你這個不爭氣的東西，我這麼辛辛苦苦供你上學，你卻一點兒也不上進，才考了五十多分，氣死我了……」一碗不知什麼滋味的飯，和著淚水一起吞到了肚子裡。

「不爭氣的，還不去收拾桌子！」

「不爭氣的，還不去把垃圾扔了！」

……

今天，我拿著考了一百分的英語考卷，哼著歌像小鳥一樣「飛」回了家門。「媽媽，你看，我英語考了一百分！」

一個響亮的吻印在了我的臉上。媽媽那大大的眼睛瞇成了一條縫，雙手緊緊地摟著我，嘴巴笑得合不攏：「孩子，你真替媽媽爭氣，真乖。」

晚飯是紅燒排骨、鯽魚湯……

「別收拾桌子了，會把你的衣服弄髒的！」

「垃圾你不用管了，我來扔吧！」

媽媽，我多想問您一句：「您到底愛的是什麼？是我？還是分數？」

「病」由家生

這個孩子對母親的描述多麼具有形象，對母親的反問多麼一針見血！的確，身為父母，都應該認真想一想，我們到底愛的是什麼？是孩子？還是分數？

當今父母對孩子的教育大都仍屬於分數教育，對自己的孩子的課業分數看得很重，也抓得最緊。父母經常向孩子詢問的是考試的分數是多少；而孩子經常向父母匯報的也是考試成績怎麼樣。

應該說，父母關心孩子的考試成績是正常的，也展現了父母關心孩子課業。但是，如果我們把精力和興趣，都集中在孩子的考試分數上，因而真正忽略孩子成才的原因，這就不正確了。很多父母把分數看作是判斷孩子課業成績好壞的唯一標準，孩子分數高，前途無量，孩子分數低，前途渺茫。有的父母甚至到了以孩子分數的好壞來支配自己的喜怒哀樂。

有一對夫婦，兩個人都是大學教授，他們的兒子因為沒有考上公費生，只好上自費，當時學費一年是八萬元。於是，父親便逼著兒子簽訂了一份「契約」：如果考試有一門不及格，父母便不再供兒子下一年的學費。簽訂這個「契約」時，父親還厲聲說道：「如果沒有考好，我們就不要你這個兒子了！」

兒子其他課程都考得不錯，不過，因為英語作弊，結果得了零分。於是，不堪壓力的兒子用繩子先後將母親和父親勒死在廚房和臥室中。

這是個極端的例子，因為父母不能正確對待分數而導致孩子精神失常，自暴自棄，並最終付出了生命的代價。一般來說，分數能反映孩子的一些讀書情況。但是，有的父母望子成龍用心良苦，把課業成績看得太重，逼著孩子去考高分。這樣做，會給孩子帶來許多不良的後果。

每一個孩子都有積極向上的願望，即使課業差的孩子，內心深處也有考第一的願望。有時，孩子偶爾得低分，父母往往會不由得大發脾氣，輕則辱罵一番，重則毒打一頓，這樣做，很容易刺傷孩子的自尊心。其實，考得不好受打擊最大的應該是孩子本人，他們會對自己的能力不足而感到內疚。如果父母再火上澆油的話，只能使孩子的情緒更加低落，很容易使孩子自暴自棄，對讀書失去信心。

考試分數不能代表孩子學習特質的全部，考卷也不能決定一個人的價值。我們做父母的，應該體諒一下那些因為分數不好而愁容滿面的孩子，不要讓分數成為他們頭上的「緊箍咒」。

指點迷津

有的父母對孩子要求說：「我不要求高了，科科九十五分，至少九十分。」看上去我們挺寬容的，其實多數孩子是做不到的。我們不要把眼光僅僅盯在孩子的課堂學習上，盯在孩子的分數上，而應該讓孩子擴大知識面。

孩子身為一個社會人，也應該了解社會所發生的事情。比如國文考試時，出了這樣一道作文題：我看日本地震事件，如果孩子連日本地震的一點消息都不知道，他怎麼可能完成這篇作文。即使孩子作業完成得很好，但缺乏對時事等社會資訊的獲取，以及對此類資訊的分析、判斷能力，那麼他以後將很難在社會上立足。

即使孩子的課業成績不好，也不要過於刺激孩子，要給其留有餘地。比如跟孩子說：「媽媽也有過成績不好的時候」，這時，父母應該想辦法使孩子的目光轉向他的長處，增強他的自信心。只要有了自信，那麼自然而然地讀書興趣也會很快樹立起來的。父母需要做的是信任自己的孩子，暫時幫助他們忘掉課業的煩惱，對孩子所做的一切要大加讚賞：「媽媽相信你，你只要努力就會成功的。」如果能消除成績所造成的壓力，孩子也就能自己消除心理負擔和自卑感了。

總之，我們在評價孩子課業的好壞時，不要以分數為準則。而應該要培養孩子積極的讀書心態，勤奮刻苦的學習精神，得當有效的讀書方法。牢固的知識基礎與全面的知識結構，以及穩定並善於自我調整的心理素養，對孩子來說才是最重要的。

五・聽話的孩子心理問題多

一盞心燈

孩子太聽話不見得就是好事！這樣的孩子容易失去自我，缺乏對社會、對生活的適應能力，一旦遇到困難很容易出現心理疾病。

教子現場

婷婷今年六歲，是一個乖巧聽話的孩子。有一次，老師給他們分派的作業是，在爸爸、媽媽的幫助下，用色紙折五隻紙鶴。

回到家以後，爸爸正在看電視，媽媽正在做飯。婷婷怕打擾他們，不敢跟他們說作業的事。有幾次曾鼓起勇氣想說出來，但話到嘴邊還是嚥了回去。就這樣一直磨蹭到了睡覺的時候，但她卻不肯回自己房間。

「趕快去睡！你這孩子，怎麼不聽話？」爸爸訓斥道。聽到爸爸的責罵，婷婷委屈地哭了起來：「老師說，你們要幫我折紙鶴。」聽了女兒的回答，爸爸愣了一下，看了看手錶：「你怎麼不早點說，這麼晚了，去哪裡買色紙？明天再說吧。」

婷婷本想爭辯一下，說鄰居王伯伯家有，卻沒敢說出來。就這樣，婷婷的任務並沒有完成。最後，直到媽媽答應，第二天由媽媽向老師解釋這件事情，她才安心地睡了。

沒想到，第二天早上媽媽因為臨時有急事，把婷婷送到幼稚園門口後，就匆匆地離開了。

上午十點左右，媽媽接到了幼稚園老師的電話，問她婷婷怎麼沒去幼稚園。媽媽趕緊請假趕往幼兒園找婷婷。最後，在不遠處的一個花園裡發現了她，而且一個人正在那擦眼淚。原來，她沒完成作業，怕老師責備她，所以不敢進幼稚園。媽媽長長地嘆了口氣：孩子的確很乖、很聽話，但就是太聽話了……

其實，婷婷原來並不是這樣的。三、四歲的時候，她非常好奇，也喜歡冒險。但每當她淘氣或與大人爭辯時，媽媽就會罵她，爸爸有時甚至還打她。慢慢地，在父母的嚴厲管束下，婷婷變得越來越乖巧，越來越聽話。父母是喜歡了，可是，孩子卻因此多了小毛病：遇事缺乏主見，獨立性差，而且膽小怕事。

「病」由家生

許多父母都以自己有一個聽話的乖孩子而驕傲。他們認為，好孩子的標準就是一切聽大人囑咐，按大人意圖辦事的非常聽話的孩子。安靜，不打不鬧，遵守紀律，認真聽講，受老師喜愛。每一位父母都喜歡聽話的乖孩子，覺得這樣的孩子很省心，自己不用太操心，其實，這樣的孩子往往以後更讓父母操心。

「聽話」的孩子，常常表現為有問題提不出來、或不敢提出來。別人說往東他就往東，說向西就向西，就算是心裡不願意，也會服從別人的想法。尤其是對長輩，不論是對還是錯，都不敢跟他們爭辯。因為，他們心裡已經形成了一種定勢：自己是個聽話的好孩子。

聽話的孩子，一般會缺乏創造性、冒險性和自我決斷能力，而這些與生俱來的天性被抹殺後，一旦有一天他們面對困難時，就容易出現憂鬱症、焦慮症、精神分裂症等心理疾病。孩子太聽話還容易失去自我，活在別人的目光中，為了他人的讚美、贊同而改變自己。有的孩子甚至會過分依賴父母的安排，一旦失去了父母的指點，就會茫然不知所措。「乖孩子」真正成為社會菁英、業界頂尖者的不多，他們大多在一般勞動職位上工作。

造成孩子「聽話」、「服從」的性格，大多是因為家庭原因。有些父母往往會給孩子定下遠大的目標，甚至把自己未能實現的理想強加在孩子身上。這樣，讓孩子聽話就成了必然。而父母卻又忽略了孩子人格的成長，對孩子過度溺愛、過度保護，使孩子無法自立、自強、自主；另一方面，在其課業和成長上，又讓孩子的理想與目標和自己的想法強行保持一致，忽略了孩子想像力和創造力的發展。

因此，我們父母不要對孩子管教過嚴，或者過度溺愛，更不要讓孩子套入既定的模式。要尊重孩子的選擇，讓孩子自由地成長，允許孩子有小小的無傷大雅的「不聽話」！要知道，淘氣的孩子往往興趣廣泛，知識面廣，心理發展也更健康。

指點迷津

有位幼教專家到國外考查，他看見一個孩子用藍色筆劃了一個「大蘋果」，老師看了看他的傑作說：「嗯，畫得不錯！」還摸了摸孩子的頭，孩子高興極了。這時專家有點不解了，問教師：「他用藍色畫蘋果，你怎麼不糾正一下呢？」教師回答說：「我為什麼要糾正呢？說不定，他以後真的能培育出藍色的蘋果呢。」孩子小的時候，以聽話為主，要培養他良好的行為習慣，孩子大了，就應給他們一點「不聽話的額度」。當然，允許孩子「不聽話」，指的主要是思考上的「不聽話」，整天打架、罵人可不行。其實，調皮、好動是孩子的天性，只要孩子遵守日常生活規律，注重衛生、有禮貌、不自私、不說謊，其他問題則不必多加干涉。什麼都要看著父母的眼色行事，唯唯諾諾，將來註定是個沒出息的孩子。

我們要告訴孩子一個原則，一個標準。在這個標準下，讓他知道什麼事情可以去做，什麼事情要堅決反對，掌握好這個規範就可以了。不是不管他們，而是怎樣合理地管的問題。要想讓孩子變得無所畏懼，就必須要有一個寬鬆的環境，假如他面對的是一個嚴厲的環境，他是無法無所畏懼的。

著名女作家冰心曾告誡父母：「淘氣的男孩是好的，調皮的女孩是巧的。」因此，我們父母應該接受「聽話是優點，太聽話是缺點」的觀點，給孩子一點「不聽話額度」，做到「管而不死、活而不亂」。

六・寬容會打開愛的大門

一盞心燈

有些父母對孩子的要求極其嚴格，容不得孩子一點點的錯誤。這樣做，會嚴重的是抑制孩子改正錯誤的勇氣和信心，傷害孩子的自尊，妨礙孩子創造精神和實踐能力的培養和提升。

教子現場

有一個十多歲的男孩，因為跟父母吵架，偷了一些錢離家出走了。在外流浪了一段時間，錢花完了以後，在又冷又餓中，才想起了父母的關愛和家的溫暖。但這個男孩非常擔心父母不肯原諒自己。

經過再三猶豫，他決定先寫一封信給父母，在信中承認自己的錯誤，並說自己非常想家，準備在一個黑暗的夜晚回家。如果父母肯原諒自己，請在家門口掛上一盞燈！

信寄出之後，這個孩子便啟程回家。經過一路奔波，他終於到達了村外的一座山頭背後。夜幕降臨後，他懷著忐忑的心情爬上山頭。當他含著眼淚眺望村裡時，眼前的一幕讓他目瞪口呆：整個村裡燈火通明。原來，村子裡的人都知道孩子要回來的消息，於是全都掛起了燈，等待著他的回來！

「病」由家生

這個故事的確感人至深，孩子父母的做法也令人稱道。在迷途知返的孩子知錯後，用更加溫暖寬容之心，掛燈歡迎孩子回家。這產生了比打罵勝百倍的教育效果。俗話說：「人非聖賢，孰能無過。」何況是天真無邪、心智、思想都不成熟的孩子呢？家庭是孩子成長的搖籃，父母是孩子的第一任老師，應該要寬容和愛護孩子——**寬容有時比懲罰更有力量**。

孩子因為年齡小，涉世不深，或觀念認知差，或交友不慎，難免會犯這樣或那樣的錯誤。然而，我們的一些父母在對待孩子的時候，似乎沒有認識和關注到這一點，因而對孩子的要求極其嚴格，容不得孩子一點點的錯誤。只要孩子犯了錯，有的斥責，張口就罵，舉手就打；有的聲色俱厲，嚴加訓斥，變相體罰；有的失去信心，撒手不管，任其發展。對待孩子的錯誤和過失，輕易地採取簡單粗暴的懲罰手段，不僅不會獲得理想效果，反而會抑制孩子改正錯誤的勇氣和信心，傷害孩子的自尊，妨礙孩子創造精神和實踐能力的培養和提高。

我們可以想像一下，假如我們自己在工作上出了一點點差錯，上司就對我們大發脾氣，一頓臭罵，你會是什麼心情？要是上司並沒有過多指責，而是給我們機會改正錯誤，挽回損失，我們又會是什麼心情？如果我們對此有切身的體會，那麼，我們也應該給孩子一次機會，學會對孩子說：「錯了沒關係。」

莉莉剛搬了新家，心裡非常高興。一天晚上，爸爸媽媽都要加班，只好讓莉莉自己一個人在家玩。莉莉看著家裡雪白的牆壁，覺得好像缺少了點什麼，她心想：「要是在上面畫一幅畫是不是應該更漂亮呢！」於是，她找來畫筆趕著作畫，最後還寫上了「爸爸媽媽我愛你們！」幾個大字。

媽媽回到家後，發現潔白的牆壁上被女兒畫得亂七八糟，頓時七竅生煙，這時女兒看到媽媽回來了，就跑過來高興地對媽媽說：「媽媽，妳看我畫得好嗎？」

媽媽本來想好好教訓她一頓，但看著女兒興奮的表情，還是放棄了這種想法，於是蹲下來和藹地對女兒說：「妳畫得真好，謝謝妳，爸爸媽媽也愛妳。不過，妳在這潔白的牆壁畫上了畫，寫上了字，就像別人在妳白白的小臉上寫字一樣，妳願意嗎？牆壁也會非常難受的。妳以後記住，不要再在牆上畫畫了，應該在紙上畫，知道了嗎？」

莉莉看看被自己畫得亂七八糟的牆壁，又摸了摸自己的小臉，低下頭對媽媽說：「我錯了，媽媽。我以後再也不在上面畫了。」

「嗯，好女兒。媽媽知道妳不是故意的，所以媽媽原諒妳了。不過明天要和爸爸媽媽一起幫牆壁洗洗臉，好嗎？」

「好啊，我要幫牆壁洗臉，一定要把它洗得乾乾淨淨的。」莉莉高興得拍著小手說。

孩子是在不斷改正錯誤中進步成長的。父母在教育孩子時，不能把犯錯的孩子「一棍子打死」。法國文學大師維克多·雨果曾說過：「比大海更寬廣的是天空，比天空更寬廣的是人的心靈。」對父母而言，寬容是一種境界，是一種藝術，更是一種智慧。孩子的成長需要引導，孩子的錯誤需要父母寬容對待。

指點迷津

孩子有過失的時候，常常是教育最有效果的時機。父母的寬容會讓孩子心生感激，他會努力去改正錯誤來作為對這種寬容的回報。那麼，身為父母，如何做到寬容孩子的過錯呢？

1　寬容孩子的缺點

卡內基說：「如果一般說來你不喜歡某人，有個簡單的方法可以改變這種特性：尋找別人的優點。你一定會找到一些的。」如果發現孩子的缺點實在令人難以忍受，我們應該靜下心來仔細找到孩子的一些優點，然後，當孩子犯錯時，多想想他的這些優點。俗話說：「以愛對恨，恨自然消失。」

2 寬容孩子的失敗

父母望子成龍的心情可以理解，但不能因為孩子的一次失敗就大加責備、訓斥。孩子失敗後，我們要與孩子一起分析失敗的原因，多鼓勵孩子，告訴他失敗了沒關係，從哪裡跌倒就從哪裡爬起來。越是對孩子信任，越是對孩子的失敗能抱以寬容的態度，孩子反而越容易成功！

3 寬容孩子的調皮

也許我們的孩子是一個「小搗蛋」：常常上課插嘴；吃飯慢還挑食；有時會欺負其他的小朋友……對於調皮的孩子，我們不能簡單地指責他們，而應該對他們行為正確友善的引導。縱觀世界各國的傑出科學家，他們中有不少小時候是讓父母皺眉，老師頭疼的「調皮鬼」。因此對於調皮的孩子，我們應該有寬容的態度。當然，對調皮孩子的寬容，也絕不是不聞不問和縱容，當他不對的時候，我們只是態度要友善，讓孩子能從心底接受。

4 寬容孩子也應把握好「規範」

孩子犯的錯誤是多種多樣的，父母在給予寬容時，也要把握好「規範」，應該具體情況具體分析，並不是無原則的寵愛和放縱，並非沒有界線。在寬容孩子的同時，也應該逐漸地告訴孩子哪些事是該做的，哪些是不能做的。給予其充分的反思時間，給予其改過自新的機會，使他們最終改正錯誤。

總之，對於孩子的錯誤，不管是大是小，我們每一位父母都不能太苛刻，都要有一點雅量，有一顆寬容之心，最大限度地寬容孩子。這樣做，有過失的孩子才會吸取教訓，加倍努力，不斷成長！

電子書購買

國家圖書館出版品預行編目資料

拆心，不猜心：小霸王、說謊精、破壞狂，其實每個「壞孩子」都有一顆受傷的心 / 高紅敏著 . -- 第一版 . -- 臺北市：崧燁文化事業有限公司，2022.04

面； 公分

POD 版

ISBN 978-626-332-297-4(平裝)

1.CST: 親職教育 2.CST: 育兒

528.2　　111004389

拆心，不猜心：小霸王、說謊精、破壞狂，其實每個「壞孩子」都有一顆受傷的心

臉書

作　　者：高紅敏

發 行 人：黃振庭

出 版 者：崧燁文化事業有限公司

發 行 者：崧燁文化事業有限公司

E-mail：sonbookservice@gmail.com

粉 絲 頁：https://www.facebook.com/sonbookss/

網　　址：https://sonbook.net/

地　　址：台北市中正區重慶南路一段六十一號八樓 815 室

Rm. 815, 8F., No.61, Sec. 1, Chongqing S. Rd., Zhongzheng Dist., Taipei City 100, Taiwan (R.O.C)

電　　話：(02)2370-3310　　傳　　真：(02) 2388-1990

印　　刷：京峯彩色印刷有限公司（京峰數位）

律師顧問：廣華律師事務所 張珮琦律師

定　　價：375 元

發行日期：2022 年 04 月第一版

◎本書以 POD 印製